세계 역사를 바꾼
재난 이야기

교과 연계 추천 도서
보건 5학년 7단원 사고예방과 응급처치
보건 6학년 6단원 사회와 건강
실과 5학년 2단원 가정생활과 안전

진짜진짜 공부돼요 12

동화로 배우는 재난 예방과 생활 안전
세계 역사를 바꾼 재난 이야기

2023년 1월 20일 개정판 1쇄

지은이 신현배   그림 이소영
펴낸이 김숙분   디자인 김은혜·김바라   영업·마케팅 최태수   영업·마케팅 어린이콘텐츠미디어
펴낸 곳 (주)도서출판 가문비   출판등록 제 300-2005-60호
주소 (06732) 서울 서초구 서운로 19, 1711호(서초동, 서초월드오피스텔)
전화 02)587-4244/5   팩스 02)587-4246   이메일 gamoonbee21@naver.com
홈페이지 www.gamoonbee.com   블로그 blog.naver.com/gamoonbee21/
제조국 대한민국   사용 연령 8세 이상
주의사항 종이에 베이거나 긁히지 않게 조심하세요.

ISBN 978-89-6902-539-5 73810

ⓒ 2023 신현배

- 책값은 뒤표지에 있습니다.
- 잘못된 책은 구입하신 곳에서 바꾸어 드립니다.
- 이 책의 내용과 그림은 저자와 출판사의 허락 없이 사용할 수 없습니다.

 작가의 말

　2016년 7월 5일 저녁, 우리나라의 울산·부산 지역에서는 일대 소동이 벌어졌어요. 울산 앞바다에서 규모 5.0의 지진이 발생했기 때문이에요. 재산 피해는 없었지만, 전국에서 '집 안이 흔들리는 것을 느꼈다는 신고가 7,900여 건이나 되었어요.

　2016년 9월 12일에는 경상북도 경주에서 규모 5.8의 지진이 발생했어요. 이는 1978년 대한민국 지진 관측 이래 가장 강력한 지진이었어요. 지진의 진동은 경상도·충청도·제주도·강원도·부산·서울 등 전국 각지에서 감지되었어요.

　2021년 12월에도 제주도 서귀포시 해역에서 지진이 발생해 전북·전남·경남 등에서고 진동이 감지되었어요.

　한반도는 이제 지진의 안전지대가 아니에요. 우리나라 역사책에도 한반도에 지진이 있었다는 기록을 쉽게 찾아볼 수 있어요. 〈조선왕조실록〉만 보더라도 지진에 관한 기록이 1,967건에 이르러요. 학자들 중에는 우리나라의 백두산을 세계에서 가장 위험한 화산으로 보아, 언제 폭발할지 모른다고 전망하는 이도 있어요. 만약에 백두산이 폭발한다면 그 피해는 상상을 초월할 정도로 클 거예요.

지진·화산 폭발·태풍·홍수·쓰나미 등 인간의 생명과 재산에 피해를 줄 수 있는 자연현상을 '재난'이라고 해요. 그런데 현대 사회에서는 이런 '자연 재난'과 더불어 건물 화재, 비행기·선박 사고, 지하철·열차 사고, 건물 붕괴, 원자력 발전소 사고, 테러 등 사람에 의해 발생하는 '인적 재난'이 빈번하게 일어나요. 따라서 오늘날에는 '재난'이라고 하면 자연재해뿐만 아니라 화재·붕괴·폭발·교통사고·화생방 사고·환경오염 사고 등 국민의 생명과 재산에 피해를 줄 수 있는 사고로 폭넓게 규정하고 있어요.

세계 역사를 살펴보면 '재난의 역사'라 해도 지나치지 않을 만큼 인류가 수많은 사고를 겪어 왔음을 알 수 있어요. 그중에는 고대 도시 폼페이를 한 순간에 잿더미로 만든 베수비오 화산 폭발, 로마의 3분의 2를 불태운 로마 대화재, 25만 명 이상이 집을 잃은 런던 대화재, 100만 명 이상이 굶어 죽은 아일랜드 대기근, 불에 타 죽거나 행방불명된 사람만 해도 20만 명이 넘고 한국인 수천 명이 학살당한 관동 대지진, 세계 최대의 해난 사고인 타이타닉 호 침몰 사고, 20세기 최악의 화생방 사고인 보팔 가스 누출 사고와 체르노빌 원전 사고, 전 세계를 경악시킨 9·11 테러 사건 등이 있어요.

〈세계 역사를 바꾼 재난 이야기〉는 세계 역사에 기록되어 있는 베수비오 화산 폭발, 로마 대화재, 런던 대화재, 아일랜드 대기근, 관동 대지진, 타이타닉 호 침몰 사고, 보팔 가스 누출 사고, 체르노빌 원전 사고, 9·11 테러 사건 등 유명한 재난을 생생하게 다룬 책이에요. 이 책은 재난 사고 연구소 소장인 장길손 박사의 입을 빌려 초등학교 어린 독자들에게 들려주는 재난 이야기예요. 동화 형식을 빌려, 방학 때 세라·창희 남매가 동네 도서관에서 주최한 '어린이 재난 교실' 강좌에 등록하면서 이야기가 시작된답니다.

이 책에서는 재난에 대한 갖가지 정보와, 인류 역사에 큰 영향을 미친 재난 이야기가 사고 현장을 중심으로 생생하게 소개되고 있어요. 사선을 넘나들며 사람들이 어떻게 대처하고 행동했는지 알려 주고, 위기의 순간에 안전 수칙을 지켜 재난으로부터 살아남는 법도 가르쳐 줘요.

안전 불감증으로 발생한 '세월호 사건'으로 인해 재난과 안전 문제는 이미 온 국민의 관심사가 되었어요. 어린이 여러분이 이 책을 통해 재난과 안전에 대해 제대로 알아, 건강하고 지혜로운 사람으로 성장했으면 좋겠어요.

지은이 신현배

차 례

제1장 '어린이 재난 교실'이 열리다 … 11
  왕의 허물 때문에 온갖 재난이 닥친다?
  나라에 재난이 있을 때 미리 알려 주는 나무들

제2장 폼페이를 멸망시킨 베수비오 화산 폭발 … 30
  인류 역사상 가장 큰 폭발을 일으킨 인도네시아의 탐보라 화산
  뭉크의 명화「절규」는 인도네시아의 크라카타우 화산 폭발이 영향을 미친
  노르웨이 하늘의 석양을 그린 것이다?

제3장 거대한 도시를 잿더미로 만든 런던 대화재 … 50
  로마 역사상 가장 큰 화재, 로마 대화재
  도시 전체를 잿더미로 만든 시카고 대화재

제4장 100만 명 이상이 굶어 죽은 아일랜드 대기근 … 75
  조선 최악의 재난, 경신 대기근
  중국에서 대기근을 일으킨 마오쩌둥의 대약진 운동과 참새와의 전쟁

제5장 세계 최대의 해난 사고, 타이타닉 호 침몰 사고 … 96
  한국인 징용자들을 희생시킨 의문의 우키시마 호 침몰 사건
  고려의 왕족인 왕씨들을 제거하기 위해 태조 이성계가 일으킨 배 침몰 사건

제6장 20만 명이 희생되고 한국인 수천 명이 학살당한 관동 대지진 ··· 111

　　통일 신라 시대에 경주 지진으로 100여 명이 죽었다?
　　유럽 최대의 자연재해, 리스본 대지진

제7장 공포의 보팔 가스 누출 사고와 체르노빌 원전 사고 ··· 135

　　벨기에의 수도 브뤼셀을 폭파 위기에서 구해 오줌싸개 동상이 세워졌다?
　　부실 공사와 안전 불감증이 낳은 대참사, 와우 아파트 붕괴 사고

제8장 전 세계를 경악시킨 9·11 테러 사건 ··· 151

　　중국인들을 괴롭힌 가뭄과 메뚜기 떼의 재해
　　아프리카는 왜 가뭄과 기근으로 어려움을 겪을까?

제9장 우리나라 전역을 휩쓸고 간 을축년 대홍수 ··· 165

　　인도네시아를 휩쓴 공포의 쓰나미
　　세계에서 화산이 가장 많은 나라, 인도네시아

제10장 여몽 연합군의 일본 정벌과 태풍 가미카제 ··· 193

　　태풍과 지진의 나라, 일본
　　미국을 강타한 허리케인 카트리나

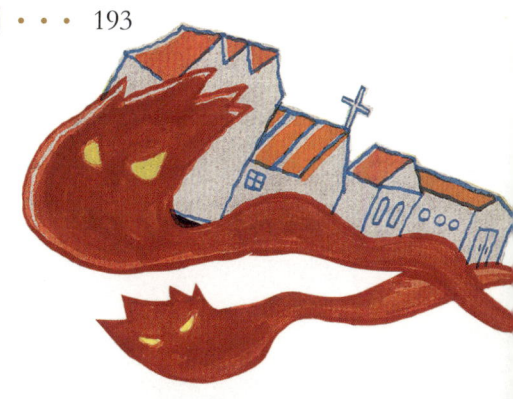

제 1 장
'어린이 재난 교실'이 열리다

창희가 아침에 눈을 뜬 것은 7시가 조금 지나서였습니다. 화장실에 가려고 방에서 나오니, 아빠가 주방 쪽 식탁에 앉아 아침 식사를 하고 있었습니다.

아빠는 창희를 보자마자 눈이 휘둥그레졌습니다.

"잠꾸러기가 웬일이니? 방학을 했는데도 이렇게 일찍 일어나다니! 학교에 다닐 때도 엄마가 깨워 주지 않으면 일어나지 못했잖아. 그런데 혼자서 일어나다니! 해가 서쪽에서 뜨겠는걸."

주방에서 일하던 엄마가 입을 열었습니다.

"오늘은 동네 도서관에서 '어린이 재난 교실'이 열리는 날이에요. 오전 10시까지 도서관에 가야 해서 일찍 잠자리에 들게 했더니 일찍 일어났네요."

"아, 그랬었군. 나를 닮아 늦잠이 많은 세라도 곧 일어나겠는걸."

아빠의 말이 떨어지기 무섭게 세라가 자기 방에서 튀어나왔습니다.

"아빠!"

세라는 쪼르르 주방으로 달려가 아빠에게 안겼습니다. 아빠는 세라의 등을 토닥이며 말했습니다.

"우리 공주님도 일찍 일어나셨네. 미녀는 원래 잠이 많은 법인데, 일찍 깨어나서 몹시 피곤하겠구나."

화장실에서 나온 창희가 아빠의 말을 들었습니다.

"미녀는 무슨 미녀……. 아빠, 세라는 돼지라서 잠이 많은 거예요."

"뭐, 돼지?"

세라는 창희를 노려보았습니다.

"내가 어째서 돼지야? 나처럼 예쁜 돼지 봤어?"

"아유, 공주병! 넌 거울도 안 보니? 자기가 돼지라는 걸 혼자서만 모르고 있다니!"

"그 말 취소해! 내가 왜 돼지야?"

"돼지 돼지 꿀돼지지. 넌 밥도 두 그릇이나 먹잖아."

"오빠!"

창희와 세라가 말싸움을 하자 아빠가 끼어들었습니다.

"그만, 그만! 공주님과 왕자님이 싸우시면 왕비님에게 혼나요. 이제 그만 진정하시고 '어린이 재난 교실'에 가실 준비를 해야지요."

엄마가 말했습니다.

"너희는 어째서 눈만 뜨면 싸우니? 아유, 너희들 싸우는 꼴을 보면 꼭 지진을 만난 것 같아."

창희와 세라가 어처구니없다는 표정을 지었습니다.

"뭐라고? 지진?"

"지나친 비유야. 엄마가 그런 식으로 말하면 우리도 할 말이 있어. 화낼 때 엄마 모습을 보면 꼭 화산이 폭발한 것 같아."

세라의 말에 아빠가 웃음 폭탄을 터뜨렸습니다.

"하하하, 적절한 비유다. 엄마는 우리 집의 활화산이지. 너희들이 말하는 것을 보니 '어린이 재난 교실' 수강생으로 자격이 충분해."

엄마의 눈꼬리가 올라갔습니다.

"여보! 그걸 말이라고 하는 거예요?"

"알았어, 알았다고. 참! 당신이 지진 얘기를 하니까 경주에 사는 친구가 생각나네. 당신도 알지? 만득이라고, 탈모 증상 때문에 자나 깨나 모자를 쓰고 다니는……."

"아, 그분이요? 부부 동반으로 서울에서 송년회 할 때 만났지요?"

"그래. 그 친구가 경주에서 농사를 짓고 있는데, 지난가을에 일어난 지진으로 집의 벽이 갈라지고 담장이 무너졌대. 얼마나 호되게 당했는지 '쿵!' 하는 소리만 들어도 속이 울렁거리고 메스꺼워서 토할 것 같다는 거야."
"저런! 지진 때문에 멀미 증상까지 생겼군요."
"요즘도 지진 후유증 때문에 차를 담장이나 집 옆에는 절대로 세워 두지 않는대."

아빠가 출근을 하자 창희가 엄마에게 물었습니다.
"엄마, 경주에서 지진이 났을 때 우리 집도 흔들렸어?"
"그래, 서울은 진동이 심하지 않았지만, 경주·부산·대구·울산 등 경상도 지역에서는 주민들이 지진에 놀라 밖으로 긴급 대피하는 소동이 벌어졌어. 아파트 전체가 흔들리고, 물건들이 바닥에 떨어져 깨지니 얼마나 놀랐겠니? 주민들이 '사람 살려!' 하고 외치며 허둥지둥 공터나 공원, 학교 운동장 등으로 대피했다는구나."
"지진이 정말 무섭네. 외국에서는 심한 지진으로 수많은 사람들이 목숨을 잃은 일이 있다면서?"
"물론이지. 하지만 우리나라도 이제는 지진의 안전지대가 아니란다. 언제 강력한 지진이 일어날지 모르니 그에 대비할 필요가 있어. 그러지 않으면 큰 참사로 이어질 수 있단다."

세라가 말했습니다.

"엄마가 왜 우리를 위해 '어린이 재난 교실' 수강 신청을 했는지 알겠네. 지진·화산·홍수 등 언제 일어날지 모르는 재난에 대비해, 어떻게 준비하고 행동해야 하는지 미리 배워 두라는 거지?"

엄마가 고개를 끄덕였습니다.

"호호, 그래. 도서관에 재난 사고 연구소 소장님이 오셔서 직접 재미있는 강의를 하신다고 하니까 많은 것을 배울 수 있을 거야. 너희들, 지난번에도 방학 때 도서관에서 '어린이 전염병 교실'이 열려 전염병에 관한 여러 가지 재미있는 이야기를 들었잖아?"

"응, 엄마. 너무 재미있어서 사흘이 어떻게 지나갔는지 모를 정도였어. 이번 강의도 기대가 되는걸."

창희와 세라는 설레는 마음으로 동네 도서관을 찾아갔습니다. 도서관은 아파트 단지를 벗어나 대형 쇼핑센터 옆에 자리 잡고 있었습니다.

'어린이 재난 교실'이 열리는 곳은 도서관 1층 문화 교실입니다. 창희와 세라는 '어린이실'에서 책을 읽다가 9시 50분에 문화 교실로 들어갔습니다.

문화 교실에는 낯익은 얼굴들이 꽤 많이 앉아 있었습니다. 동배와 연두는 창희의 학교 친구였고, 다은이는 세라의 학원 친구였습니다. 모두들 지난 방학 때 도서관에서 열린 '어린이 전염병 교실'에 함께 참여했던 멤버였습니다.

"똥배야, 이번에도 우리는 한 배를 탔구나. 시골 할머니 댁에 다녀왔니?"

"응, 방학하자마자 시골에 갔다가 어제 서울로 올라왔어."

"넌 언제 봐도 변함없구나. '똥배'도 여전하고……."

'똥배'는 동배의 별명이었습니다. 배가 나왔다고 '동배'를 '똥배'라 불러도 화 한 번 내지 않습니다. 오히려 바보스럽게 히죽 웃기만 합니다.

창희는 연두에게도 인사를 건넸습니다.

"천연두, 너도 왔니? 지금은 천연두가 사라진 전염병이지만, 사람들에게 큰 고통을 주는 재난이었지. 재난 교실에 온 것을 환영한다."

연두가 기분 나쁘다는 듯 재빨리 말했습니다.

"너 자꾸 나를 '천연두'라고 놀릴래? 내 이름은 '천연두'가 아니라 '전연두'야."

연두는 동배에 비해 말이 많고 까다로웠습니다. 자기 이름을 가지고 놀리는 게 불쾌한지 창희를 쏘아보았습니다.

"미안, 미안! 앞으로는 네 이름 가지고 놀리지 않을게. 연두야, 나를 용서해 줘라."

창희는 연두의 눈치를 살피며 이렇게 사과했습니다. 스스로 장난이 지나쳤다고 생각했던 모양입니다.

잠시 뒤 정각 10시가 되자 교실 문이 드르륵 열렸습니다. 예쁜 도서관 사서 선생님이 우락부락하게 생긴 아저씨를 데리고 교실 안으로 들어왔습

니다. 덩치가 어찌나 큰지 씨름 선수처럼 보였습니다.

"여러분, '어린이 재난 교실'에 등록해 주셔서 감사해요. 오늘부터 사흘 동안 여러분에게 흥미진진한 재난 이야기를 들려주실 선생님은 재난 사고 연구소 소장인 장길손 박사님이에요."

사서 선생님이 강사 선생님을 소개하자, 아이들은 손뼉을 치고 휘파람을 불었습니다. 그러자 장길손 박사는 수줍은 듯 웃더니 가볍게 머리를 숙였습니다.

사서 선생님이 나가자 장길손 박사가 친절한 얼굴로 말했습니다.

"지난번 방학 때 이 도서관에서 '전염병 교실'이 열렸지? 그때 강사 선생

님으로 수고하신 홍길동 박사가 나의 친구란다. 고등학교 때 한 반에서 공부했지. 홍길동 박사의 소개로 이번 방학 때 여기서 '재난 교실'을 열게 되었어."

장길손 박사가 간단하게 오게 된 사연을 밝혔습니다.

"도서관 강좌의 이름이 '어린이 재난 교실'이지? 너희들, 재난이 무엇인지 아니?"

장길손 박사의 질문에 연두가 대답했습니다.

"화산 폭발, 지진, 태풍, 홍수 등이 재난 아닌가요?"

"그렇지. 화산 폭발, 지진, 태풍, 홍수, 호우, 강풍, 쓰나미, 가뭄, 기근, 대설, 낙뢰, 황사, 적조 등 인간의 생명과 재산에 피해를 줄 수 있는 자연 현상을 '재난'이라고 부른단다. 그런데 현대 사회에서는 이런 '자연 재난'과 더불어 건물 화재, 비행기·선박 사고, 지하철·열차 사고, 건물 붕괴, 원자력 발전소 사고, 테러 등 사람에 의해 발생하는 '인적 재난'이 빈번하게 일어나고 있지. 따라서 오늘날에는 '재난'이라고 하면 자연재해뿐만 아니라 화재·붕괴·폭발·교통사고·화생방 사고·환경오염 사고 등 국민의 생명과 재산에 피해를 줄 수 있는 사고로 폭넓게 규정하고 있단다. 국가와 지방 자치 단체는 '재난 및 안전관리기본법(재난 안전법)'에 따라 재난으로부터 국민의 생명·신체 및 재산을 보호할 책무를 지고, 재난을 예방하고 피해를 줄이기 위해 노력하고 있지. 재난이 발생할 경우에는 이를 신속히 대응·복구하기 위한 계획을 수립·시행해야 할 의무가 있단다."

창희가 물었습니다.

"박사님, '어린이 재난 교실'에서는 재난에 대해 공부하는 건가요?"

"그렇지. 세계 역사에 기록되어 있는 유명한 재난들을 자세히 살펴보는 시간을 가질 거야. 베수비오 화산 폭발, 런던 대화재, 아일랜드 대기근, 타이타닉 호 침몰 사고, 관동 대지진, 보팔 가스 누출 사고, 체르노빌 원전 사고, 9·11 테러 사건 등등……."

창희가 다시 물었습니다.

"박사님, 이름이 장길손이라고 하셨죠? '길손'은 '먼 길을 떠나는 나그네'죠? 아주 특이한 이름을 가지셨네요. 그런데 '장길손'은 우리나라 옛이야기인 '거인 설화'에 나오는 주인공 아닌가요?"

장길손 박사가 놀라는 표정을 지었습니다.

"아니, 그걸 어떻게 알았니? 아는 것이 참 많은 친구네."

"헤헤, 뭘요. 다른 아이들보다 책을 몇 권 더 읽었을 뿐이에요. 참! 장길손 박사님, 홍길동 박사님의 소개로 오셨다면 저희가 좀 참을성이 부족하다는 걸 들으셨겠네요? 저희는 지루하고 재미없으면 두 시간 동안 못 앉아 있어요."

장길손 박사가 고개를 끄덕였습니다.

"당근이지. 흥미진진한 옛이야기를 한 토막씩 끼워 넣으라고 홍길동 박사가 신신당부하던걸."

"아, 그러셨어요? 다행이네요. 그럼 우선 맛보기로 재미있는 이야기 한 토막 들려주실래요?"

"좋아. 너 말고는 장길손 이야기를 아는 친구가 없는 듯하니 먼저 그 이야기를 들려주지. 화산 활동을 벌인 산으로 유명한 백두산이 생겨난 이야기이기도 해."

장길손 박사는 아이들을 위해 이야기보따리를 풀었습니다.

먼 옛날 옛적의 일이야. 우리나라 땅에는 장길손이란 거인이 살고 있었어.

장길손은 보통 거인이 아니었어. 키가 얼마나 큰지 얼굴은 구름 위에 있고, 한 발자국에 몇십 리를 갈 수 있었단다.

몸집이 이런 정도라면 엄청나게 먹었겠지? 한 끼 식사로 쌀을 수십 섬씩 먹어치웠단다.

그렇지만 장길손은 언제나 배에서 꼬르륵 소리가 났어. 음식을 먹어도 금세 배가 고팠기 때문이야.

장길손은 북쪽 지방에 살았는데, 북쪽 지방은 산이 많아 벼농사를 적게 했어. 그래서 남쪽 지방으로 내려갔어. 남쪽 지방은 평야가 끝없이 펼쳐져 있었거든.

"배가 고파요, 먹을 것 좀 주세요."

장길손은 이 집 저 집을 찾아다니며 구걸을 했어.

남쪽 지방 사람들은 인심이 좋았어. 장길손이 불쌍하다고, 쌀을 수십 섬이나 모아 밥을 지어 줬단다.

장길손은 난생처음 배불리 먹을 수 있었어.

밥을 먹고 나니 여유가 생겼나 봐. 장길손은 바다에 자기 몸을 비추어 보았어. 나뭇잎으로 겨우 아랫도리만 가린 모습이 보였어.

장길손은 그 모습이 마음에 들지 않았어.

"아, 나도 옷을 입어 보았으면……."

장길손은 사람들에게 찾아가 부탁해 보았어.

"저를 위해 옷을 한 벌 지어 주세요."

사람들은 정말 인심이 좋았어. 장길손이 불쌍하다고, 남쪽 지방에 있는 베를 모두 모아 옷을 지어 주었거든.

장길손은 너무너무 기분이 좋았어. 난생처음 옷이 생겼다고 덩실덩실 춤을 추기 시작했어.

그런데 문제가 생겼어. 흥에 겨워 어깨를 들썩일 때마다 그의 몸이 해를 가려, 백 리 밖까지 그늘이 진 거야. 이렇게 되니 논밭에서 나는 곡식이나 채소들이 자랄 수 없게 되었어.

게다가 팔을 움직일 때마다 소맷자락에서 바람이 일어, 집과 가축들이 날아가 버렸어.

남쪽 지방 사람들은 화가 머리끝까지 났단다.

"밥을 먹이고 옷을 주었더니, 은혜를 원수로 갚아? 네놈이 우리를 망하게 하는구나!"

사람들은 몽둥이를 들고 장길손에게 달려들었어.

"잘못했습니다. 용서해 주세요."

장길손은 눈물을 흘리며 북쪽 지방으로 떠났어.

장길손에 대한 소문은 온 동네에 퍼졌어. 장길손만 보면 모두들 달아나기에 바빴어. 따라서 장길손은 먹을 것을 얻을 수가 없었어.

장길손은 배가 고팠어. 기운이 없어 더 이상 걸을 수가 없었어.

장길손은 그 자리에 주저앉았어. 그러고는 나무나 돌, 흙을 손에 잡히는 대로 마구 주워 먹기 시작했어.

그런데 못 먹을 걸 먹어 탈이 났단다.

장길손은 몇 걸음 못 가서 배를 움켜쥐고 땅바닥을 뒹굴었어. 그리고 뱃속에 있는 것을 모두 토해 냈어. 얼마나 많이 토해 냈는지, 그것이 쌓이고 쌓여 큰 산을 이루었어. 그 산이 바로 백두산이야.

토할 때는 눈물깨나 흘리잖아. 그 눈물이 동쪽과 서쪽으로 흘러 압록강과 두만강이 되었지.

설사도 나왔어. 설사는 흘러내려 태백산맥을 이루었다고 해.

또한 이때 똥덩이가 튀어 멀리 날아갔는데, 바다에 떨어져 제주도가 되었다는구나.

제주도가 어떤 섬인지 이제 알겠지? 똥으로 생긴 섬이란다.

왕의 허물 때문에 온갖 재난이 일어난다?

1670년(현종 11년) 9월 9일 제주 목사 노정이 현종에게 보고를 올렸어요. 7월 27일 태풍이 불어 제주가 큰 피해를 입었다는 것이었어요.

강풍과 폭우가 제주를 휩쓸어 많은 집들이 물에 잠기고, 백성들이 물에 빠져 죽었습니다. 대낮이 밤처럼 어두워졌고, 불어난 바닷물이 성난 파도처럼 들이닥쳐 산과 들에 가득했습니다. …… 풀과 나무는 소금에 절인 듯하고, 귤과 유자 등 온갖 나무 열매는 모두 떨어졌습니다. 콩, 조, 기장 등은 잎과 줄기가 말라 버렸습니다. 피해를 입은 농민들은 곳곳에 모여 앉아 통곡을 하고 있습니다. 이제 제주에는 사람의 씨가 마르게 되었습니다. 이제까지 없었던 끔찍한 재난입니다.

이듬해인 1671년(현종 12년) 4월 3일에 제주 목사가 또 보고를 올렸어요. 이번에는 제주에 가뭄이 닥쳐 굶어 죽은 백성이 2,260명이나 되고, 살아 있는 사람들도 죽기 직전이어서 귀신의 형상을 하고 있다는 것이었어요.

닭과 개를 모조리 잡아먹어 섬 안에는 닭과 개의 울음소리가 끊어진 지 오래입니다. 심지어 사람까지 잡아먹는 사태까지 벌어지고 있습니다.

그뿐만이 아니었어요. 같은 해 7월 5일에는 경상도 관찰사가 가뭄 때문에 죽어가는 백성들의 참혹한 상황을 전했지요. 해마다 이런 재난이 끊이지

않고 일어나자, 현종은 1672년(현종 13년) 3월 16일 자신의 괴로운 마음을 이렇게 털어놓았어요.

아, 나의 허물 때문에 온갖 재난이 닥치는구나. 하늘은 나를 직접 꾸짖지 않고 죄 없는 백성들에게 고통을 주다니, 백성들을 보살펴야 하는 나는 어찌해야 하는가. 추위와 굶주림에 시달리는 누렇게 뜬 백성들의 얼굴을 생각하니 잠자리가 편안하지 못하고 음식이 입에 넘어가지 않는구나. 나는 술도 끊고 반찬 가짓수도 줄였으며, 대궐에서 베 짜기도 그만두게 했다. 또한 호위 군사의 수를 줄이고 제사 경비도 크게 줄였다.

내가 괴로운 것은, 나라의 창고가 텅 비어 백성들에게 나누어 줄 곡식이 없다는 것이다. 백성들이 굶어 죽어가는 것을 보고만 있어야 하다니, 그들이 모두 죽으면 이 나라는 누구를 의지해야 하는가. …… 아, 백성들을 이 지경으로 만든 것은 모두 나의 허물 때문이다. 백성들이야 무슨 죄가 있겠느냐.

조선의 왕들은 태풍이나 홍수, 가뭄 등 재난을 당하는 것은 자신의 허물 때문이라고 믿었어요. 자신이 나라를 잘못 다스려서, 그 허물을 깨우쳐 주려고 하늘이 천재지변을 일으킨다는 거예요. 그래서 재난을 당하면 "두려워하고 몸을 닦아 반성해야 한다."며 스스로를 돌아보고 참회의 나날을 보냈지요.

조선 시대에는 가뭄이 3,175건, 지진이 1,967건, 바닷물이 붉게 변하는 적조 현상이 90건이나 일어났어요. 이 모든 재난을 자신의 허물로 돌리고 수신제가에 힘썼다니, 임금 노릇 하기가 쉽지 않았음을 짐작할 수 있겠지요?

나라에 재난이 있을 때 미리 알려 주는 나무들

우리나라에 있는 오래된 나무들은 유난히 많은 전설을 간직하고 있어요. 그 가운데 나라에 재난이 있을 때 이를 미리 알려 주는 나무가 있다고 해요.

천연기념물 제30호인 경기도 양평의 용문사 은행나무는 나라에 재난이 있을 때마다 소리를 내어 미리 알렸다고 해요. 6·25 전쟁 직전에는 50일 동안 울었는데, 그 소리가 10리 밖에서도 들렸다고 해요. 이 은행나무는 5·16 군사 쿠데타 때도 울었으며, 고종이 세상을 떠나기 전에는 커다란 가지 한 개가 뚝 부러졌다고 해요.

재난이 있을 때마다 소리를 내어 미리 알려 준 나무는 그 밖에도 많이 있어요. 천연기념물 제365호인 충청남도 금산의 보석사 은행나무는 1950년 6·25 전쟁 때 소리를 내어 울었으며, 1992년 극심한 가뭄이 올 것을 울음으로 알렸다고 해요. 또한 천연기념물 제175호인 경상북도 안동의 용계리 은행나무도 1910년 한일합방, 1950년 6·25 전쟁, 1979년 10·26 사건 때 울었으며, 마을에 병마가 퍼지거나 날이 가물어도 울었다고 해요.

강화도 전등사 은행나무는 나라에 재난이 있는 해에는 열매를 맺지 않고 밤새워 울었다고 전해져요. 병인년 프랑스 함대가 강화도로 쳐들어오기 전날 밤이나 일본의 운양호 사건, 강화 강제 수호 조약 때도 서럽게 울었다고 해요.

천연기념물 제76호인 강원도 영월의 하송리 은행나무는 나라에 재난이 있을 때마다 큰 가지를 하나씩 부러뜨린 것으로 유명해요. 1910년 한일합방, 1950년 6·25 전쟁 직전에 가지를 하나씩 부러뜨려, 나라에 큰 재난이 있음을 미리 알렸다고 해요.

또한 천연기념물 제349호인 강원도 영월의 광천리 관음송은 나라에 재난이 있을 때마다 나무껍질이 검정색으로 변했다고 해요.

재난을 미리 알려 준 나무들

양평 용문사 은행나무

금산 보석사 은행나무

안동 용계리 은행나무

강화 전등사 은행나무

영월 하송리 은행나무

영월 광천리 관음송

 **이것은 꼭 알아두세요.**

재난이란?
화산 폭발, 지진, 태풍, 홍수, 호우, 강풍, 쓰나미, 가뭄, 기근, 대설, 낙뢰, 황사, 적조 등 인간의 생명과 재산에 피해를 줄 수 있는 자연현상.

제 2 장
폼페이*를 멸망시킨 베수비오 화산 폭발

폼페이
이탈리아 남부 나폴리만 연안에 있던 고대도시. 벽화를 포함한 초기의 발굴품은 대부분 나폴리의 박물관에 소장되어 있다. 많은 벽화를 통하여 유품이 적은 헬레니즘 문화를 엿볼 수 있다.

장길손 박사가 이야기를 마치자 세라가 웃으며 말했습니다.

"호호, 장길손이 뿌지직 싼 똥덩이가 바다에 떨어져 제주도가 되고, 토해낸 것은 백두산이 되었다고요?"

"이야기가 아주 재미있어요. 백두산은 우리나라를 대표하는 산인데, 그렇게 지저분하게 태어났다니 웃음이 나와요. 백두산은 본래 화산 폭발로 생긴 산이죠?"

다은이가 묻자 장길손 박사가 대답했습니다.

"그래, 백두산은 지금으로부터 약 300만 년 전인 신생기 제3기 말부터 제4기 초에 일어난 화산 활동으로 생겨났지. 그 뒤 고려 때인 946년과

947년, 조선 때인 1413년·1597년·1668년·1702년에 백두산에 화산 폭발이 있었다고 〈고려사〉·〈조선왕조실록〉 등의 역사책에 기록되어 있단다."
창희가 입을 열었습니다.
"박사님, 발해★가 백두산의 화산 폭발로 인해 멸망했다면서요?"
창희의 말에 장길손 박사가 깜짝 놀랐습니다.
"그 이야기는 어디서 들었니?"
"어린이 과학 잡지에서 기사를 읽었어요. 발해가 거란에 의해 멸망했지만, '백두산의 화산 폭발로 인해 멸망했다.'는 설도 있다고요."
"그래, 그런 설도 있지. 발해가 야율아보기가 이끄는 거란족의 침략을 받고 멸망한 것은 926년 정월이었어. 침략을 받은 지 불과 한 달 만에 맥없이 무너져 항복을 하고 말았지. 거란의 역사책인 〈요사〉「야율우지전」에는 '거란 태조가 발해의 내분을 틈타 움직이니 싸우지 않고 이겼다.'고 기록되어 있단다. 그런데 발해의 역사를 다룬 책이 전해지지 않기 때문에 '발해의 내분'은 전혀 근거를 찾을 수 없어. 본래 발해는 강한 나라였기에 그렇게 갑자기 맥없이 무너진 것은, 발해를 연구하는 학자들에게 풀리지 않는 수수께끼로 남아 있었지.

발해
고구려인 대조영이 세운 국가로 지배층은 고구려인이었다. 문왕 때 발해에서 신라로 가는 육로를 뚫어 '신라도'가 생겼고 선왕 때 발해의 영토를 최대로 넓혔다. 중국에선 발해를 바다 동쪽에서 번성한 나라라 해서 '해동성국'이라고 불렀다.

그러던 차에 몇몇 학자들이 '발해는 백두산의 화산 폭발로 인해 멸망했다.'는 설을 들고 나온 거야. 그들에 따르면, 발해가 멸망한 시기에 백두산 폭발이 있었대. 화산 폭발이 기후 변화와 흉작으로 이어져, 발해가 거란의 침략에 맞서 싸울 힘을 잃었다는 거지. 그런데 발해의 수도 상경 용천부가 백두산으로부터 200킬로미터나 떨어져 있어 화산 폭발의 영향을 받기 어렵다는 의견도 있단다. 따라서 근거 있는 확실한 이야기라 할 수는 없지."

창희가 다시 물었습니다.

"백두산이 언제 또 폭발할지 모른다면서요?"

"그렇지. 백두산이 마지막으로 폭발한 것이 1903년이야. 지금은 100여 년 만에 깨어나 다시 활동할 준비를 하고 있지. 폭발하기 전에는 전조 현상이 나타나, 화산 가스로 인해 식물이 말라 죽고 천지의 수온이 최대 83도까지 올라간다는구나. 일본 학자들은 2032년 안에 백두산이 폭발할 가능성이 99퍼센트나 된다고 말해."

다은이가 겁먹은 표정을 지었습니다.

"무서워요. 백두산이 폭발하면 우리가 사는 동네까지 피해를 입게 되나요?"

"백두산에서 서울까지는 거리가 멀기 때문에 직접적인 피해는 없을 거야. 다만 폭풍이 분다면 화산재가 48시간 안에 남한 전체를 뒤덮을걸. 강

원도와 경상북도는 화산재가 최고 10센티미터까지 쌓인다지. 그렇게 되면 마스크를 쓰지 않으면 야외에서는 숨쉬기조차 곤란할 거야. 그뿐만이 아니야. 미세 먼지가 늘어나 여러 가지 호흡기 질병에 걸릴 수도 있어."

아이들의 얼굴빛이 달라졌습니다.

"크악! 어떻게 그런 일이……."

"박사님, 무서워요. 백두산이 폭발하지 않게 해 달라고 기도해야겠어요."

장길손 박사가 말했습니다.

"백두산 근처에 있는 북한의 양강도와 중국의 지린 성은 큰 피해를 입게 된단다. 생각해 보렴. 백두산에는 '천지호'라는 호수가 있지? 이 물이 무려 20억 톤에 달해. 백두산이 폭발하면 물이 넘쳐흘러 두만강·압록강·송화강 일대에 대홍수가 일어날걸. 어디 그뿐이니? 용암과 유황·아황산가스 등 유독 가스로 많은 생물들이 떼죽음을 당하게 될 거야. 화산재가 25킬로미터 상공으로 퍼져 비행기도 다닐 수 없을걸."

연두는 더 이상 듣기 괴롭다는 듯 고개를 저었습니다.

"으으, 끔찍해요. 화산 폭발이 정말 무시무시한 재난이로군요. 화산이 폭발하면 도시 전체가 잿더미가 되겠어요."

"물론이지. 이탈리아 남부에는 '폼페이'라는 고대 도시가 있었단다. 이 도시는 베수비오 화산의 대폭발로 인구 2만이나 되는 큰 도시가 하루아침에 화산재 속에 파묻혔어. 너희들에게 이 끔찍한 재난 이야기를 들려줄게."

장길손 박사는 잠시 말을 멈추더니 천천히 이어갔습니다.

폼페이는 이탈리아 서남부 나폴리만 연안의 고대 도시였어. 기원전 8세기에 건설되어 고대 로마의 항구 도시로 발전했지. 경치가 매우 아름다워 로마의 귀족과 부자들은 이곳에 다투어 별장을 지었단다. 그래서 폼페이는 부유한 관광 도시이자 향락의 도시로 널리 알려졌지.

이곳 항구로 향료·비단·진주 등 사치품을 가득 실은 배들이 쉴 새 없이 들어왔어. 그리하여 오락과 유흥을 즐기는 휴양지로 자리 잡았지.

폼페이에는 로마의 원형 경기장보다 40여 년이나 앞서 지은 원형 경기장이 있었어. 2만 명이나 수용할 수 있는 이 경기장에서는 검투사들이 죽을 때까지 싸우는 검투 경기가 벌어졌지. 그리고 폼페이에는 밤낮없이 운영되던 거대한 공중목욕탕이 세 군데나 있었으며, 웅장한 신전·대형 극장·집회 광장 등이 있었어. 또한 도시 정리가 잘 되어 있어 거리 곳곳에는 상점·술집·음식점 등이 즐비하게 늘어서 있었단다.

서기 1세기경에 폼페이의 인구는 2만 명쯤 되었어. 이렇듯 풍요롭고 평온한 도시가 화산 폭발로 인해 하루아침에 화산재 속에 파묻힐 줄을 누가 알았겠니?

서기 79년 8월 24일 오전이었어. 그날도 폼페이는 여느 날과 마찬가지로 평온하고 활기찼어. 사람들은 평소와 다름없이 거리를 오가고 있었지. 그런데 정오가 되자 놀라운 일이 벌어졌어. 폼페이에서 동남쪽으로 23킬로미터쯤 떨어진 곳에 베수비오 화산이 있었는데, 갑자기 폭발한 거야.

"쾅!"

엄청난 폭발음과 함께 거대한 연기가 하늘을 뒤덮었어. 그리고 잠시 뒤에는 붉은 용암 덩어리와 화산재가 비처럼 쏟아져 폼페이 전체를 뒤덮을 듯이 무서운 기세로 밀려왔단다.

당시에 폼페이에는 고대 로마의 문학가인 소(小) 폴리니우스가 삼촌이자 역사가인 대(大) 폴리니우스와 함께 와서 머물고 있었어. 그는 이 끔찍한 재난의 현장을 목격할 수 있었지. 소 폴리니우스는 역사학자인 친구 타키투스에게 보낸 편지에서 당시의 상황을 이렇게 밝혔단다.

도시는 용암과 잿더미에 파묻히고, 마치 심한 지진이 일어난 것처럼 건물이 흔들려 사람들은 가만히 서 있을 수 없었습니다. 밖으로 나가는 편이 훨씬 안전하리라 생각해, 모두 머리를 수건으로 감싼 채 뛰어나왔습니다.
…… 곧 캄캄한 밤이 찾아왔습니

다. 남자들은 울부짖는 여자들과 아이들을 위로하며 밤을 지새웠습니다. 잃어버린 부모와 아이들, 남편과 아내를 찾아 이름을 불러대는 소리가 여기저기서 들려왔습니다. 신은 우릴 버리셨는지…… 날이 밝아도 어둠이 계속되자 사람들은 비통하게 울부짖었습니다.

그래도 뜨거운 화산재는 쉬지 않고 흘러내렸습니다. 비명과 절규의 아비규환이 끝나고, 무겁게 내려앉은 검은 구름이 조금씩 걷히더니 태양이 얼굴을 내밀기 시작했습니다. 그러나 지상의 모든 것들이 이미 화산재에 파묻혀 버린 뒤였습니다.

당시에 소 폴리니우스는 18세의 청년이었어. 그는 폼페이의 재난 현장에서 삼촌인 대 폴리니우스를 잃었어. 대 폴리니우스는 화산 폭발 현장을 살피려고 베수비오 화산 가까이 갔다가 돌아오는 길에 유황 연기에 질식되어 세상을 떠났단다.

화산 폭발이 일어나자 폼페이 주민들은 도시에서 필사적으로 도망쳐 나왔어. 하지만 그곳에는 화산재 속에 묻힌 2천여 명의 사람들이 있었단다.

화산 폭발은 폼페이만 삼킨 것이 아니었어. 이웃 도시인 헤르쿨라네움마저 화산재에 덮여 사라졌지.

그 뒤 폼페이는 사람들의 기억에서 잊혀 갔어. 그러다가 1700여 년이 지난 뒤 농부들이 우연히 폼페이에서 유물을 발견하게 되어 발굴 작업이 시작되었단다. 당시 나폴리를 다스리던 카를로스 3세★가 스위스 출신의 군사 기술자 카를 베버에게 폼페이의 전면 발굴 작업을 명령했거든.

하지만 폼페이 유물 발굴 작업은 더디게 진행되었어. 워

카를로스 3세(1716~1788)
에스파냐의 왕. 펠리페 5세의 아들로 1759년 국왕으로 즉위하기 전 1731년에는 파르마 공작, 1735년에는 나폴리와 시칠리아의 왕이 되었다.

낙 큰 도시였기 때문에 그 작업은 100여 년 동안 계속 이어졌지. 폼페이 유물 발굴 작업이 궤도에 오른 것은 1890년 고고학자 주세페 피오렐리*가 발굴 작업 책임자로 임명되면서였어. 피오렐리는 화산재에 파묻힌 폼페이를 옛 도시의 원형대로 살리기로 했어. 발굴 유물은 되도록 원래 자리에 그대로 두기로 했지.

피오렐리는 화산 폭발 때 죽은 사람들의 모형을 만들었어. 화산재를 뒤집어쓴 채 목숨을 잃은 사람들의 시신은 세월이 흐르면서 썩어 없어졌겠지? 하지만 딱딱하게 굳어진 용암에는 시신이 들어 있던 빈 공간이 남아 있단 말이야. 피오렐리는 그 공간에 석고를 부어 죽은 사람들의 모형을 만든 거야. 그리하여 당시 화산 폭발로 죽어가던 사람들의 마지막 모습을 생생하게 재현했단다. 이미 숨진 아내와 자식에게 다가가려던 남자, 고통을 못 견뎌 이를 악물었던 여자, 돈주머니를 들고 허둥지둥 달아나던 도둑, 요람에서 잠들었던 아기 등등.

옛 도시의 원형이 그대로 남아 있기에 폼페이를 '도시 화석'이라 부른단다. 유네스코 세계 문화유산으로 지정되었고, 지금까지 70퍼센트쯤 발굴되었어. 이웃 도시 헤르쿨라네움*은 80퍼센트가 발굴되지 않은 채 화산재 속에 묻혀 있지.

주세페 피오렐리(1823~1896) 이탈리아 나폴리 출신의 고고학자. 폼페이 발굴에 참여했다.

헤르쿨라네움 나폴리에서 약 8km의 해안에 위치한 고대도시의 유적. 폼페이와 함께 베수비오 화산의 폭발로 매몰된 도시다. 아직 상당한 부분이 현재의 레지나 시에 묻혀 있다. 이 도시는 고급주택지였던 것으로 보이며, 또 폼페이보다 도시 구성면에 있어서 다양성이 있고, 근대적이었다고 추정된다.

폼페이와 헤르쿨라네움을 완전히 파괴한 베수비오 화산은 그 뒤에도 여러 번 폭발했어. 1631년에 폭발해 1만 8천여 명이 희생되었으며, 1906년에도 폭발해 2천여 명이 죽었지. 1944년의 폭발 때는 사람들이 미리 대피하여 인명 피해가 없었단다. 그러나 베수비오 화산은 오늘날까지 활동하는 활화산이기 때문에 세계에서 가장 위험한 화산 가운데 하나로 꼽히고 있어.

"베수비오 화산이 진짜 무시무시한 화산이군요. 박사님, 궁금한 것이 있어요. 화산이란 정확히 무엇이에요? 그리고 화산은 왜 폭발을 하나요?"
동배가 처음으로 질문을 던졌습니다. 창희가 놀랐다는 듯 눈을 동그랗게 떴습니다.
"어쭈, 똥배! 제법인걸. 내가 궁금하게 여겼던 점을 제일 먼저 질문하다니!"
동배는 쑥스러운 듯 뒷머리를 긁었습니다.
그때 장길손 박사가 입을 열었습니다.
"너희들이 궁금해할 줄 알았다. 화산(火山)은 '불 화(火)'에 '산 산(山)', 그러니까 '불의 산'을 뜻해. 화산 활동이 일어나면 산꼭대기에서 불길이 치솟기 때문에 이런 이름이 붙여졌지. 화산을 영어로 '벌케이노(volcano)'라고 하는데, 이 말은 지중해에 있는 작은 섬인 '벌칸'의 이름에서 비롯되었어. 그리스 신화에서는 이 섬을 대장장이 신인 벌칸의 대장간 굴뚝으로 여겼거든. 그래서 사람들은 화산 폭발이 일어나는 것을, 벌칸이 제우스의 번개 창을 만드느라 쇠를 두드릴 때 나오는 불꽃이라 생각했단다.

화산 폭발은 지구 내부에서 생성된 강력한 에너지로 만들어진 마그마가 압력을 받아, 지각의 약한 부분을 뚫고 나오는 것을 말하지. 지구 내부는 매우 열이 높아, 암석이 녹아 액체 상태인 마그마가 만들어진단다. 이 마그마는 지표로 상승해 3킬로미터쯤 깊이에 마그마 저장소인 '마그마굄'에 고여 있다가 지표 밖으로 나오는 거야. 이것을 '화산 활동'이라고 하지. 마그마가 지표 밖으로 나오면 '용암'이라 불리는데, 붉은 용암이 강물처럼 흘러내리며 모든 것을 불태워 버린단다. 이 용암이 화산 주변에 쌓여 식으면 새로운 바위를 만들어 커다란 산을 이루게 되지. 이 산이 바로 화산이야."

세라가 물었습니다.

"박사님, 베수비오 화산이 오늘날까지 활동하는 활화산이라고 하셨죠? 그렇다면 화산은 활화산 말고 또 무엇이 있나요?"

장길손 박사가 대답했습니다.

"화산은 활동 정도에 따라 크게 활화산·휴화산·사화산으로 나눌 수 있어. 활화산은 현재 활동 중이거나, 과거에 활동한 적이 있어 활동 가능성이 높은 화산이야. 지구에는 지금 활화산이 80여 개쯤 있지. 그 가운데 50여 개는 해마다 활동하고 있는 화산이야. 이들 활화산은 대부분 태평

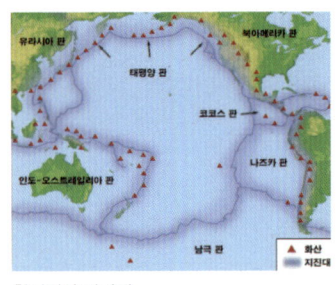
환태평양 화산대

양을 둘러싼 환태평양 화산대★에 분포하고 있어. 마치 둥근 고리와 같은 모양을 하고 있기에 이 지역을 '불의 고리'라고도 부르지. 유명한 활화산으로는 이탈리아의 스트롬볼리 산, 미국 하와이의 킬라우에아 산, 워싱턴의 세인트헬렌스 산 등이 있어.

휴화산은 현재 활동하지 않아도 언젠가 활동할 것으로 보이는 화산이야. 유명한 휴화산으로는 멕시코의 파리쿠틴 산, 미국의 래슨 산, 우리나라의 백두산·한라산 등이 있어.

사화산은 화산 활동이 끝난 화산이야. 이름 그대로 '죽은화산'이지. 그러나 사화산이라 해도 남대서양의 트리스탄다쿠나 화산처럼 다시 활동하는 경우가 있단다. 유명한 사화산으로는 케냐의 케냐 산, 아르헨티나의 아콩카과 산 등이 있어."

조용히 듣고 있던 다은이가 물었습니다.

"화산은 베수비오 화산처럼 갑작스러운 폭발로 수많은 목숨을 앗아갈 뿐, 사람들에게 이로운 점은 전혀 없나요? 그리고 화산 폭발을 미리 예보하여 피해를 막을 방법이 없나요?"

"오, 좋은 질문이다. 화산은 우리 인류가 겪는 재난 가운데 가장 무서운 재난이야. 지난 500년 동안 화산 폭발로 목숨을 잃은 사람만 해도 20만 명이나 되지. 특히 20세기 들어와서 활화산 근처에 사는 사람들이 많이 늘어나, 화산이 주는 피해는 줄어들지 않고 있어. 이럴 때 화산 폭발을 예보할 수 있다면 미리 대피하여 피해를 줄일 수 있겠지? 그런데 불행하게도 화산은 언제 폭발할지 미리 알 수 없어. 그러니 화산 폭발을 예보할 수 없지. 다만 어느 화산은 폭발을 앞두고 마그마가 땅속에서 상승하여 땅이 약간 부풀어 오르거나, 소규모 지진이 자주 일어나서 화산 폭발을 예상하는 경우가 있단다."

"그렇군요. 잘 알았어요. 박사님, 화산이 사람들에게 이로운 점은 없나요?"

"아, 참! 그 이야기를 빼먹었네. 화산 활동으로 인명 피해와 재산 손실만 있는 것은 아니야. 오히려 이로운 점도 적지 않단다. 방금 내가 20세기 들어와서 활화산 근처에 사는 사람들이 많이 늘어났다고 했지? 그것은 화산 활동으로 인해 그 주변의 땅이 농사짓기 좋은 기름진 땅으로 바뀌었기 때문이야. 예를 들면, 인도네시아에서 가장 좋은 쌀을 생산하는 곳이 어디인지 아니? 메라피 화산 기슭의 농경지야. 이탈리아에서 가장 좋은 포도와 포도주를 생산하는 곳도 다름 아닌, 베수비오 화산 근처란다. 그리고 화산 활동이 활발한 곳에는 온천이 많아서 관광지로 활용되고 있지. 아이슬란드와 일본이 대표적인 나라야. 또한 용암 · 화산재 · 암석 등을 산업재로 이용하거나, 지하의 지열 에너지로 전기를 생산하는 나라도 있어."

"화산이 그렇게 좋은 일을 많이 해요? 뜻밖인데요."
"나는 화산이 이 세상에서 사라졌으면 좋겠다고 생각했는데……."
아이들의 말에 장길손 박사가 웃으며 말했습니다.
"하하, 화산이 위험하다고 해도 자연의 일부가 아니겠니? 자연은 사람이 어떻게 이용하느냐에 따라 그 가치가 달라지는 법이야. …… 화산에 대해서는 이 정도로 끝내고, 다음 이야기로 넘어갈까? 이번에는 거대한 도시를 잿더미로 만든 런던 대화재 이야기란다. 어떻게 그처럼 큰 화재가 있었는지 자세히 들려주마."

인류 역사상 가장 큰 폭발을 일으킨 인도네시아의 탐보라 화산

지금으로부터 200여 년 전인 1815년 4월 15일 인도네시아 발리 섬 동쪽에 놓인 숨바와 섬의 탐보라 화산★이 폭발했어요. 그 폭발 소리가 얼마나 크고 요란했는지 숨바와 섬에서 2,500킬로미터나 떨어진 곳에서도 들릴 정도였어요.

탐보라 화산은 슈퍼 화산답게 인류 역사상 가장 큰 폭발을 일으켰어요. 이 산은 본래 높이가 4,200미터인데 엄청난 폭발로 산 정상이 날아가 버렸어요. 그래서 지금은 산의 높이가 2,851미터밖에 되지 않아요. 그 폭발 강도가 얼마나 센지 제2차 세계 대전 때 일본 히로시마에 떨어진 원자폭탄 17만 개가 동시에 터진 것과 같은 위력이었다고 해요.

이 화산 폭발로 순식간에 목숨을 잃은 사람은 5~9만여 명이나 되었어요. 이로 인한 이상 기온으로 기온이 낮아져서 대기근으로 굶어 죽은 사람들이 셀 수 없이 많았지요.

이 화산 폭발로 나온 화산재는 무려 150억 톤에 이르렀어요. 인류 역사상 그렇게 많은 화산재가 나온 적이 없었어요. 화산재는 인도네시아 반경 600킬로미터 지역의 하늘을 뒤덮어, 한낮인데도 사흘 동안 칠흑 같은 어둠이 계속되었어요.

그뿐만이 아니었어요. 화산재는 성층권★까지 올라가 바람을 타고 대기권에 흩어졌어요. 그리고는 화산재가 태양빛을 차

탐보라 화산

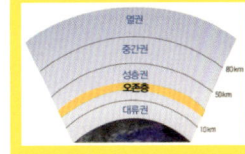

성층권
대류권의 위로부터 고도 약 50km까지의 대기층이다. 대류권과 반대로 높이 올라갈수록 온도가 올라간다.

단해 지구의 기온을 떨어뜨렸지요. 화산재의 영향은 자그마치 7년이나 계속되었어요. 그 여파로 지구 전체가 오랜 기간 추운 겨울을 맞이할 수밖에 없었어요. 미국에서는 한여름에도 눈 폭풍이 불어 닥쳤고, 캐나다에는 눈이 내려 30센티미터나 쌓였어요. 그 결과 탐보라 화산 폭발 이듬해인 1816년은 '여름이 없는 해'로 불리었어요. 유럽에서도 그해는 500년 만에 가장 추운 여름 기온을 기록했지요.

이 화산 폭발로 인한 이상 기온은 세계 곳곳에 흉작에 따른 대기근을 불러왔어요. 미국에서는 농작물 생산 감소로 그 가격이 몇 배로 뛰어올랐고, 유럽에서는 식량 부족으로 여러 나라에서 폭동이 줄을 이었어요. 아일랜드만 해도 2년 동안 6만 5천 명이 굶어 죽거나 병들어 죽었다고 해요. 1816년부터 시작된 유럽의 식량난과 경제 공황은 신대륙 집단 이민으로 이어졌어요. '굶어 죽느니 차라리 신대륙으로 건너가자.'며 너도 나도 이민 대열에 뛰어들었지요. 그 결과 1800~1820년 사이에 미국 인구는 530만 명에서 960만 명으로 늘어났다고 해요.

탐보라 화산 폭발은 우리나라에도 영향을 미쳤어요. 순조 16년인 1816년 조선 남부 지방에 흉작으로 기근이 심해져서 수십만 명이 기아에 시달렸어요. 굶어 죽는 사람들이 계속 늘어나 불과 2~3년 만에 인구가 790여만 명에서 659만 명으로 130여만 명이나 줄어들었답니다.

뭉크*의 명화 〈절규〉*는 인도네시아의 크라카타우 화산 폭발이 영향을 미친 노르웨이 하늘의 석양을 그린 것이다?

인도네시아의 큰 섬인 자바 섬과 수마트라 섬 사이에는 크라카타우 섬*이 있어요. 이 섬에는 봉우리가 세 개인 화산이 있는데, 화산이 폭발할 때 '크라카타우!' 하고 소리를 지르는 것 같다고 이런 이름이 붙여졌어요.

크라카타우 화산은 416년, 535년, 1680년에 폭발이 일어났어요. 1883년 또 폭발이 일어났는데 그때는 너무 강력해서 섬을 날려 버릴 정도였어요.

1883년, 5월 20일부터 작은 폭발이 줄을 잇다가 8월 26일 큰 폭발을 일으켰어요. 그곳에서 3,500킬로미터나 떨어진 오스트레일리아의 퍼스에서도 들릴 정도였어요. 일본 히로시마에 투하된 원자폭탄보다 1만 3천 배나 더 큰 소리였다고 해요. 반경 500킬로미터에 있는 유리창이 모두 깨질 정도의 위력이었지요.

수천 명이 그 자리에서 죽었고, 높이 약 40미터에 이르는 지진 해일이 일어나 3만 6천여 명이 더 목숨을 잃었어요. 자바 섬과 수마트라 섬의 마을 165개가 완전히 파괴되어 폐허가 되었지요.

폭발 때 나온 화산재가 대기의 상층부로 올라가 1880년대 말까

에드바르 뭉크(1863~1944) 노르웨이 출신의 표현주의 화가. 유년 시절 경험한 질병과 광기, 죽음의 형상들을 왜곡된 형태와 격렬한 색채에 담아 표현했다.

에드바르 뭉크의 그림 〈절규〉

크라카타우 섬

지 기후에 큰 영향을 미쳤어요. 지구의 평균 기온은 섭씨 1.2도가 떨어졌으며, 그로 인해 흉작이 계속되었어요.

　화산 폭발의 영향으로 높은 대기층에 갇힌 화산재 때문에 미국과 북유럽의 하늘에까지 일조와 일몰 때 피처럼 붉은 노을이 몇 년 동안 만들어졌어요. 그것은 매우 환상적이고 아름다웠지요.

　노르웨이의 화가 에드바르 뭉크의 대표작 〈절규〉는 이런 시기에 그려진 작품이에요. 이 그림에는 하늘이 온통 붉은 핏빛으로 그려져 있고, 해골 같은 창백한 얼굴의 여인이 귀를 막고 공포에 질린 표정으로 절규를 하고 있지요. 이 작품은 뭉크가 노르웨이 해안의 일몰 장면을 그린 것이에요. 뒷날 그는 이 그림을 어떻게 해서 그리게 되었는지 그 경험을 이렇게 털어놓았어요.

화산 폭발 덕분에 명화가 탄생했다니…

　나는 친구 둘과 길을 걷고 있었다. 해 질 녘이었는데, 갑자기 하늘이 핏빛으로 물들기 시작했다. 그 순간, 나는 극심한 피로감을 느껴 다리 난간에 몸을 기댔다. 그리고 핏빛 하늘에 걸린 구름과 암청색 도시, 협만에 걸쳐진 칼을 보았다. 친구들은 계속 걸어갔지만 나는 공포와 두려움에 떨며 그 자리에 서 있었다. 그때 나는 자연을 가로지르며 끊임없이 이어지는 커다란 절규를 들었다.

인도네시아의 크라카타우 화산 폭발로 인해 역사에 길이 남을 명화가 탄생했다니 정말 놀랍고 신기하지요?

 **이것은 꼭 알아두세요.**

활화산으로 폼페이와 헤르쿨라네움을 완전히 파괴한, 세계에서 가장 위험한 화산은?
베수비오 화산

환태평양 화산대를 '불의 고리'라고 부르는 이유는?
이 지역의 활화산이 지구에서 가장 넓은 태평양을 중심으로 하여 마치 둥근 고리와 같은 모양으로 분포하고 있기 때문이에요.

화산은 언제 폭발할지 미리 알 수 없어요. 하지만 폭발을 앞두고 어떤 조짐을 보이나요?
마그마가 땅속에서 상승하여 땅이 약간 부풀어 오르거나, 소규모 지진이 자주 일어나 화산 폭발을 예상할 수 있어요.

인류 역사상 가장 큰 폭발을 일으킨 화산은?
인도네시아의 탐보라 화산

제 3 장
거대한 도시를 잿더미로 만든 런던 대화재 ★

런던 대화재 모습

역사에 기록된 화재 사건 가운데 가장 유명한 것이 '로마 대화재'야. 서기 64년 여름에 막시무스 대경기장 근처에서 불이 났는데, 7일 동안 로마 시내를 덮쳤지. 이 화재로 로마의 3분의 2가 불탔으며 20만 명 이상이 집을 잃었단다.

고대 그리스·로마 시대를 거쳐 중세에 들어와서도 유럽의 여러 도시가 화재를 겪었는데, 가장 큰 화재 사건으로 기록된 것이 1666년에 일어난 '런던 대화재'야.

당시에 런던은 비좁은 길을 사이에 두고 게딱지만 한 집들이 다닥다닥 붙어 있었어. 게다가 집들은 모두 목조 건물이었어. 따라서 1660년부터 1669년 사이에 런던에서는 20여 건의 화재가 일어났지.

정부 당국은 화재를 예방하려고 시민들을 상대로 '자나 깨나 불조심'을 외쳤어. 밤에 자기 전에는 반드시 불을 끄고 문 밖에 물통을 두게 했지. 그러나 이런 지시는 잘 지켜지지 않았어. 불이 나면 재빨리 달아날 수 있도록 큰 건물에 사다리를 비치해 두는 정도였지.

'런던 대화재'가 일어난 것은 1666년 9월 2일 월요일 새벽이었어. 런던 다리 근처인 푸딩로에는 왕의 제빵사인 토마스 페리노의 빵 공장이 있었어. 페리노가 전날 밤 불을 끄지 않은 채 잠자리에 들었던 거야. 빵을 굽는 화덕에서 번진 불은 순식간에 빵 공장 일층을 덮쳐 버렸어.

"불이야, 불이야!"

페리노는 하인이 외치는 소리에 잠에서 깼어. 그는 딸 한나와 하녀를 깨우고 잽싸게 옥상으로 피신했지. 그러나 하녀는 고공 공포증이 있어 그대로 공장 안에 있다가 연기에 질식해 숨지고 말았어.

페리노의 빵 공장이 있는 푸딩로 부근에는 템스 강이 있어서 주변에 가게들이 잔뜩 모여 있었어. 빵 공장에서 일어난 불은 가게들로 옮겨 붙었지.

사람들이 불을 끄려고 달려왔지만 도저히 끌 수가 없었어. 때마침 바람이 불어와 더욱 거센 기세로 불길이 번졌기 때문이야.

시청 간부가 허겁지겁 런던 시장 토마스 블라드워스에게 달려간 것은 새벽 4시쯤이었어.

"시장님, 큰일 났습니다. 푸딩로에 불이 나서 걷잡을 수 없이 번지고 있

습니다."

간부의 보고에 시장은 마지못해 일어나 먼발치에서 화재 현장을 보았어.

"저 정도 화재에 무슨 호들갑인가? 흥, 오줌으로도 끌 수 있는 불인데."

시장은 이렇게 말하고는 잠자리에 들었단다.

하지만 이튿날 아침에도 불이 꺼지지 않고 더욱 크게 퍼져 나가자 그는 소스라치게 놀랐어.

"하느님 맙소사! 이 무슨 날벼락인가?"

시장은 집 안에 숨겨 둔 황금을 챙겨 마차를 타고 서둘러 교외로 달아났지.

월요일에 시작된 불은 목요일이 되어도 꺼지지 않았어. 강한 바람을 타고 무서운 기세로 번져, 거대한 도시를 잿더미로 만들어 버렸지.

이 화재는 영국 왕 찰스 2세의 동생인 요크 공작이 나서서, 화약으로 건물들을 폭파해 방어선을 만든 뒤에야 가까스로 진화되었단다.

화재의 피해는 엄청났어. 런던 시의 5분의 4가 불에 탔으며, 세인트폴

대성당을 비롯하여 87개의 교회, 민가 1만 3천여 채, 그리고 대부분의 공공건물이 파괴되었지.

그 후 런던 시민들은 화재 예방에 더욱 힘썼고, 석조 건물들로 이루어진 새로운 도시를 건설했어. 소방 안전을 위한 건축 방화 법이 제정되고 화재 보험 회사도 탄생했지. 그래서 후세 사람들은 '런던 대화재'를 '위대한 화재'라고 부르고 있단다.

장길손 박사가 이야기를 마치자 연두가 안타깝다는 표정을 지었습니다.
"화재의 피해가 엄청났네요. 런던시의 5분의 4가 불에 타다니요. 빵 공장에서 불조심을 했다면 그런 화재 사건이 일어나지 않았을 텐데요."
"그러게 말이야. 한 순간의 실수와 부주의가 화재를 일으키니 늘 조심해야지. 런던 대화재가 일어난 지 300여 년이 흐른 뒤인 1986년 1월 10일 화재의 진원지였던 빵 공장의 주인 토마스 페리노의 후손들이 런던 베이커에서 사과문을 발표했단다. 자기네 조상이 실수했다고 말이야. 런던 베이커는 토마스 페리노의 후손들이 운영하는 빵 회사야."
창희가 탄성을 내질렀습니다.
"와아! 토마스 페리노의 후손들이 멋져요. 300여 년 전의 실수를 정중하게 사과하다니요. …… 박사님, 월요일에 시작된 불이 목요일이 되어도 꺼지지 않았으니 화재 진압에 어려움이 많았겠어요."
"물어보나 마나지. 당시는 소방차도 소방대도 없었잖니. 불길을 막으려면 불길이 번지는 방향에 있는 건물들을 모두 폭파해야 했지. 혼자 발 벗고 나서서 전함에서 쓰는 화약을 구해와 간신히 불길을 잡은 사람이 영국 왕 찰스 2세의 동생인 요크 공작이야. 그는 미신을 믿는 사람들 때문에 불을 끄는 데 애를 먹었단다. 당시 유명한 여자 예언가인 마더 십턴이 일찍이 런던 대화재를 예언했다는 거야. '런던이 잿더미로 변한다.'고. 그 예언이 그대로 이루어졌으니 런던 사람들은 모두 깜짝 놀랐지. 불이 났을 때 이 예언을 믿는 사람들이 불을 끄려고 하지 않아, 요크 공작은 화재 진압에 어려움이 많았단다."

"오, 그런 예언가가 있었어요? 런던 대화재를 정확히 예언하다니요. 노스트라다무스보다 위대한 예언가예요."

세라의 말에 장길손 박사는 빙그레 미소를 지었습니다.

"마더 십턴이 대단한 예언가임에 틀림없지. 스코틀랜드 여왕을 지냈던 메리의 처형, 제임스 1세의 즉위 등을 예언했으니까. 그런데 노스트라다무스*보다 위대한 예언가라는 말은 받아들일 수 없구나. 이미 오래전에 런던 대화재를, 그것도 '6이 세 번 들어간 해'에 발생한다고 예언한 것이 노스트라다무스였거든."

> **노스트라다무스**(1503~1566) 프랑스의 의사 겸 점성가로 활동하며 점성학 연구로 미래를 예언했다. 그러나 예언의 진위 여부를 둘러싼 논란은 지속되고 있다.

아이들은 깜짝 놀라 벌린 입을 다물지 못했습니다.

"그게 정말이에요?"

"그래. 노스트라다무스는 6이 세 번 들어간 해에 런던에 불벼락이 내린다고 예언했다는구나.'"

"역시 노스트라다무스예요. 18세기의 프랑스혁명도 예언했다면서요?"

창희가 아는 척을 하자 장길손 박사가 그 말을 받았습니다.

"프랑스혁명뿐만 아니라 나폴레옹의 등장, 20세기의 제2차 세계 대전도 예언했지. 심지어 자신의 죽음까지도 예언했는걸. 노스트라다무스야말로 세계 최고의 예언가야. 그건 그렇고, 런던 대화재가 거대한 도시를 잿더미로 만든 큰 재난인 건 분명하지만, 런던을 고대 도시에서 근대 도시로 바꾸는 데 크게 기여하기도 했단다. 런던 대화재로 1667년에 '모든 건물은 돌이나 벽돌로 지어야 한다.'는 건설법이 만들어졌거든. 건설법에 따라 곧바로 건축이 진행되어, 8년도 안 되어 런던에서 석조 건물 1만여 채가 지어졌어. 그리고 화재 예방에 더욱 힘쓰게 되어 소방대를 처음으로 창설하고 소방 안전을 위한 건축 방화 법, 화재 보험 회사가 탄생했지. 그래서 후세 사람들은 런던 대화재를 '위대한 화재'라고 부르고 있단다.

화재 보험은, 불이 나면 불탄 건물과 똑같은 건물을 새로 지어 준다고 해서 런던 시민들에게 환영을 받았어. 런던 대화재는 런던에서 전염병까지 사라지게 했단다. 영국에서는 17세기 초부터 '흑사병'이라 불리는 페스트가 크게 유행했어. 1625년에는 이 전염병으로 런던 시민 4만여 명이 목숨을 잃었지. 페스트의 피해가 가장 컸던 것은 1665년이었어. 4, 5월에 시작되어 무서운 기세로 퍼지더니, 연말까지 모두 6만 8,596명이 페스트로 죽었지. 전염병이 돌자 왕실과 귀족들은 런던을 떠나 시골로 갔으며, 다음 해 2월에야 런던으로 돌아왔지. 그런데 1666년 9월의 런던 대화재로 런던에서는 페스트가 자취를 감추었단다. 비위생적인 낡은 집들이 모두 불에 타, 그곳에서 들끓던 페스트를 옮기는 쥐들이 모두 죽었기 때문이지."

연두가 감탄을 했습니다.

"야! '위대한 화재'라고 부를 만하네요. 박사님, 우리나라에도 '위대한 화재'라고 부를 만한 화재가 있나요?"

"런던 대화재에 미치지 못하지만, 화재 예방을 위한 제도와 여러 가지 조치를 취했다는 점에서 '한양 대화재'를 꼽을 수 있지."

"한양 대화재요? 조선 시대에 일어난 화재인가요?"

다은이가 묻자 장길손 박사가 고개를 끄덕였습니다.

"응. 세종 임금 때인 1426년(세종 8년) 2월에 한양에서 일어난 큰 화재야. 그해 2월 15일 한양 남쪽에 살던 인순부의 종 장룡의 집 부엌에서 불이 났단다. 이 불은 때마침 불어온 바람을 타고 걷잡을 수 없이 번져 갔어. 한양의 중부·남부·동부가 화마에 휩쓸려 민가 2천여 채가 불타 버렸어. 이 불로 목숨을 잃은 사람이 젖먹이 아기와 노인을 빼고도 남자 9명, 여자 23명이나 되었어.

그때 세종은 강원도 횡성으로 군사 훈련을 겸한 사냥을 떠나 한양에 없었어. 화재 소식을 들은 세종의 비 소헌왕후 심 씨가 대신들을 불러 이렇게 말했지.

'불길을 잡아야 합니다. 관청과 창고는 포기하더라도 종묘와 궁궐만은 꼭 지켜야 해요.'

불길은 계속 번져 나갔어. 다행히 종묘와 궁궐로 불이 옮겨 붙지 않고

가까스로 끌 수 있었단다.

    당시는 한양의 인구가 10만여 명이고 주택이 1만 6천여 채였어. 그중에서 2천여 채가 불타고 이재민이 1만 명쯤 되었으니 큰 화재였지.

    급히 보고를 받고 한양으로 돌아온 세종은 먼저 화재를 당한 백성들에게 곡식을 나누어 주고, 다시 집을 지을 목재와 기와 등을 무상으로 지급했어. 그리고 도성의 화재 예방을 위한 대책을 마련했지.

'성안에 있는 집들은 담장을 높이 쌓아, 화재가 나면 불이 옮겨 붙지 않도록 하라. 성안에는 도로를 넓게 닦아 사방으로 통행할 수 있도록 하라. 또한 불이 번지지 않게 다닥다닥 붙은 민가는 철거하고, 다섯 집마다 하나씩 웅덩이를 파서 화재에 대비하라.'

세종은 화재에 대비해 소방서인 금화도감을 종루 옆에 세웠어. 금화도감에서는 관원이 교대로 종루 위에 올라가 밤낮없이 성안을 살펴보도록 했어. 그래서 불이 나면 종루의 종을 쳐서 그 사실을 알리도록 했지. 금화도감 안에는 소방 조직인 '멸화군'이 있었어. 멸화군 관원들은 화재에 대비하는 일뿐만 아니라 화재가 나면 신속하게 불을 끄는 일을 했단다.

세종이 마련한 화재 예방 대책은 큰 효과를 보았어. 그 뒤 여러 차례 성안에서 불이 나도 크게 번지지 않고, 화재로 인해 죽는 사람이 없었으니까."

장길손 박사의 이야기를 들은 아이들은 입에 침이 마르도록 세종을 칭찬했습니다.

"역시 세종은 다른 임금과 다르네요. 왜 그분을 '대왕'이라고 하는지 알겠어요."

"어쩌면 그렇게 꼼꼼하게 화재 예방 조치를 취하는지 우리가 배울 점이 한두 가지가 아니에요."

"세종으로 하여금 그런 훌륭한 화재 대책을 마련하게 했으니, 한양 대화재도 '위대한 화재'라고 부를 만한걸요."

장길손 박사가 껄껄 웃었습니다.

"하하, 너희들이 세종을 칭찬하니 나도 기분이 좋다. 세종이야말로 칭찬받을 만한 훌륭한 임금이지. …… 얘들아, 이쯤 해서 너희들에게 옛이야기 한 토막을 들려줄까? 불을 훔쳐 인간들에게 가져다준 프로메테우스 이야기……."

"정말요? 어서 들려주세요."

아이들이 재촉하자 장길손 박사는 이야기를 시작했습니다.

까마득히 먼 옛날, '티탄'이라는 거인 족이었던 프로메테우스★는 신들의 왕인 제우스의 명을 받아 흙을 빚어 인간들을 만들었어. 그는 아테나 여신에게 집 짓는 법과 농사짓는

프로메테우스
인간에게 불을 훔쳐다 주었다는 그리스 신화에 나오는 티탄 족의 영웅.

법, 배를 만들어 바다를 건너는 법, 읽고 쓰고 셈하는 법 등을 배운 뒤, 그 모든 능력과 기술을 인간들에게 그대로 전해 주었지. 인간들은 프로메테우스가 정성스레 돌보아 준 덕에 아무 걱정 없이 편안하게 살 수 있게 되었단다.

제우스는 인간들이 살아가는 모습을 내려다보고 눈살을 찌푸렸어.

'저놈들 봐라. 신을 섬기지 않고 저희들끼리 즐겁게 살아가? 고얀 것들!'

제우스는 프로메테우스를 불러 언짢은 표정을 지으며 말했어.

"너는 인간들에게 생각하고 일하는 법은 가르치면서 제물을 바쳐 신을 섬기는 법은 왜 가르치지 않느냐? 인간들이 아무리 잘났어도 신의 도움 없이는 살아갈 수가 없다. 인간을 행복하게 만들거나 불행하게 만드는 것도 모두 신의 손에 달려 있다. 나는 마음만 먹으면 벼락을 내려 인간들을 멸망시킬 수도 있다. 그러니 너는 당장 인간들에게 가서 내게 제물을 올려 나를 섬기라고 일러라. 알겠느냐?"

"예. 제우스님이 시키시는 대로 하겠습니다."

프로메테우스는 제우스에게 공손히 절을 하고 그 자리를 물러 나왔어. 그러나 속으로는 이런 생각을 하고 있었단다.

'쳇, 인간들에게 그렇게 경배를 받고 싶나? 별꼴이야.'

프로메테우스는 제우스가 못마땅했어. 그래서 언젠가 기회가 되면 제우스를 골탕 먹이겠다고 마음먹었지.

프로메테우스는 인간들을 찾아가 제우스에게 제물을 바치라고 일렀어. 그리하여 며칠 뒤에는 인간들이 소 한 마리를 잡아 제우스에게 제사를 지내게 되었지.

인간들은 제사상을 차려 놓고 프로메테우스를 불러 물었어.

"프로메테우스님, 제우스님에게 제사를 올리려고 소 한 마리를 잡았습니다. 어느 부분을 제우스님에게 바치고, 어느 부분을 우리 인간들이 가질까요?"

프로메테우스가 대답했어.

"소를 두 부분으로 나누어라. 한쪽은 맛 좋은 살코기와 내장을 챙겨 쇠가죽으로 덮어 놓아라. 그리고 다른 한쪽은 맛없는 뼈를 발라내어 먹음직스러워 보이는 비계로 덮어 놓아라. 그런 다음 제우스님을 불러 마음대로 골라 드시라고 권해라."

인간들은 프로메테우스가 시키는 대로 소를 두 부분으로 나누어 제상에 올려놓았어. 그리고는 제우스를 불러 마음대로 골라 먹으라고 권했단다. 제우스는 먹음직스러워 보이는 비계 쪽을 택했어. 그런데 그 속에는 살코기가 없고 뼈만 잔뜩 들어 있는 거야.

'이놈들이 나를 속였구나. 세상의 주인인 나를 바보로 만들어?'

제우스는 화가 머리끝까지 났어. 하지만 자신이 택한 것을 물릴 수도 없었지. 결국 이때부터 동물의 뼈와 기름은 신들에게 바치고, 맛 좋은 고기는 인간들의 몫이 되었단다.

　제우스는 올림포스 궁전으로 돌아와서도 화가 풀리지 않았어.

　'고얀 놈들, 감히 나를 속여? 그 죄 값으로 인간들에게서 불을 빼앗아 버려야겠다.'

　제우스는 이렇게 마음먹고 구름을 불러 모아 명령했어.

　"너희들은 바로 비를 내려, 불이란 불은 모두 꺼 버려라."

　이 명령으로 세상에는 비가 억수같이 쏟아졌어. 그리하여 세상의 모든 불이 꺼져 버렸지.

　제우스는 또 바람을 불러 모아 명령했어.

　"이 세상에 불씨 한 점이라도 남아 있으면 안 된다. 너희들은 재란 재는 모두 바닷속으로 날려 보내라."

　바람도 충실히 임무를 수행하여 모든 재를 바닷속으로 날려 보냈단다. 이리하여 세상은 칠흑처럼 되고 말았지. 불이 없으니 인간들은 음식을 익혀 먹을 수가 없었고 겨울에는 추위에 떨어야 했어.

　프로메테우스는 인간들에게 닥친 불행을 보자 가슴이 아팠어.

　'가엾어라. 불이 없어 인간들이 큰 고통을 겪고 있구나.'

　프로메테우스는 인간들을 내버려 둘 수가 없어 아테나 여신을 찾아가 도움을 청했지.

　"여신님, 인간들에게 불을 구해 주어야 합니다. 도와주십시오."

아테나 여신은 프로메테우스에게 자신의 마차를 빌려 주었어. 그래서 프로메테우스는 아테나 여신의 마차를 얻어 타고 올림포스 궁전으로 올라갔지. 프로메테우스는 올림포스 궁전으로 몰래 들어가, 제우스의 화로에서 불씨를 훔쳤어. 그러고는 그 불씨를 회향나무 대롱 속에 감추어 땅 위 세상으로 돌아왔지.

프로메테우스는 인간들에게 불씨를 나누어 주었어. 인간들은 뛸 듯이 기뻐했지.

"와아, 불이다! 이제는 따뜻하게 살아갈 수 있겠어."

"음식도 익혀 먹을 수 있게 되었어. 프로메테우스님, 감사합니다."

인간들은 모두 좋아하며 프로메테우스에게 절을 했어. 프로메테우스는 인간들이 행복해하는 모습을 보자 마음이 흐뭇했단다.

하지만 이 일이 곧 제우스에게 알려졌어.

"불을 훔쳐 인간들에게 나누어 줘? 용서할 수 없다!"

제우스는 화가 나서 길길이 뛰었어.

"여봐라! 프로메테우스를 붙잡아다 코카서스 산의 큰 바위에 쇠사슬로 꽁꽁 묶어 놓아라. 프로메테우스는 영원히 이 바위의 구속을 받을 것이다."

제우스가 프로메테우스에게 내린 형벌은 끔찍하고 무서웠어. 제우스는 날마다 코카서스 산에 독수리를 날려 보내 프로메테우스의 간을 쪼아 먹게 했거든. 간은 밤새 다시 자라났어. 하지만 다음 날에는 독수리에게 간을 쪼아 먹히는 고통을 당해야 했지.

프로메테우스는 신이었기 때문에 죽지도 않았어. 따라서 이런 형벌을 영원히 받을 수밖에 없었어.

하지만 형벌에서 벗어나는 길이 아주 없는 것은 아니었어. 제우스가 내건 조건이 있었거든.

"프로메테우스가 풀려나려면 영원히 죽지 않는 신이 그를 대신하여 형벌을 받겠다고 나서야 한다. 그리고 신이 아닌 인간이 독수리를 죽이고 쇠사슬을 풀어 주어야 한다."

그러나 이 두 가지 조건은 현실적으로 어려운 일이었어. 어느 신이 프로메테우스를 대신하여 형벌을 받겠다고 나서겠으며, 어느 인간이 제우스의 독수리를 죽이고 프로메테우스의 쇠사슬을 풀어 주겠니?

그러나 오랜 세월이 흐른 뒤, 기적 같은 일이 벌어졌어. 윗몸이 사람이고 아랫몸이 말인 케이론이란 신이 있었는데, 프로메테우스를 대신하여 형벌을 받겠다고 나선 거야. 케이론은 헤라클레스에게 활쏘기를 가르치다가 독화살에 맞았는데, 그 고통이 너무 커서 차라리 죽기를 바랐지. 그런데 케이론도 신이기 때문에 죽을 수가 없어, 차라리 프로메테우스의 형벌을 대신 받겠다고 한 거야.

그뿐만이 아니었어. 어느 날, 프로메테우스 앞에 인간인 헤라클레스가 나타난 거야. 헤라클레스는 활을 쏘아 독수리를 죽이고, 프로메테우스를 꽁꽁 묶었던 쇠사슬을 풀어 주었지. 이리하여 프로메테우스는 자유의 몸이 되었단다.

그 뒤부터 프로메테우스는 코카서스 산의 바위에서 떼어낸 돌로 장식된 반지를 끼고 다녀야 했어. 제우스가 프로메테우스에게 '이 바위의 구속을 받을 것이다.'라고 말했기 때문에 이 명령이 영원히 지켜져야 했거든.

"프로메테우스는 정말 인간을 사랑한 신인가 봐요. 인간들을 위해 많은 일을 했어요. 진흙으로 인간을 만들었으며, 인간들이 편안하게 살 수 있도록 온갖 기술과 지식을 가르쳐 주었고, 불을 훔쳐와 인간들에게 전해 주었으니 말이에요."

창희가 이런 말을 하자 장길손 박사가 진지한 표정으로 말했습니다.

"너희들, 신화 이야기 중에는 프로메테우스 이야기 말고도 신들의 불을 훔쳐내는 이야기가 많이 있는 걸 아니? 예를 들면, 북아메리카 인디언 마이두 족 신화에는 쥐의 신이 천둥의 신에게서 불을 훔쳐 피리 속에 숨겨와 인간에게 전했다는 이야기가 있어. 중국 신화에서는 복희라는 신이 불씨를 인류에게 가져다주었다고 하고, 뉴질랜드 신화에서는 마우이가 불을 훔쳐와 인간에게 선물했다고 해. 이런 이야기가 전 세계에 퍼져 있는 것은 그만큼 인간에게 불이 필요하고 소중하기 때문이야. 인간에게 불이 없다면 어떻게 살아갈 수 있겠니? 음식을 익혀 먹지 못하고, 겨울에는 오들오들 추위에 떨어야 하겠지. 밤마다 캄캄한 곳에서 지내야 하고, 사나운 맹수가 와도 이를 쫓아내지 못하겠지. 이처럼 불이 인간에게 없어서는 안 될 소중한 것이기에, 불을 신성시하고 현명하게 잘 다루도록 했단다. 불을 함부로 다루어 화재가 일어나면 한 순간에 생명과 재산을 잃을 수 있거든. 그래서 조선 시대에는 불을 지른 방화범을 무거운 죄로 다스렸지. 일부러 자기 집에 불을 내면 곤장 백 대에 처하고, 불이 번져 이웃집이나 관청을 태우면 곤장 백 대에 3년 유배형을 내렸단다. 또한 고의로 민가나 관청의 창고 등에 불을 질러 손해를 끼치면 목을 베어 죽이는 참형으로 다스렸어."

"방화범을 엄벌에 처했군요. 박사님, 화재 사건에 대해 배웠는데요, 화재를 막으려면 어떻게 해야 하나요?"

세라가 묻자 장길손 박사가 대답했습니다.

"자나 깨나 불조심이지. 꺼진 불도 다시 보고……. 화재가 나는 가장 큰 이유는 부주의 때문이란다. 불씨가 남아 있는 담배꽁초를 함부로 버리거나, 가스 불 위에 조리 음식을 올려놓고 오랜 시간 주방을 비우면 불이 날 수 있지. 그러니까 항상 주의하고 조심해야 해. 그다음에 화재가 나는 또 다른 이유는 전기 합선이나 누전, 과부하 때문이야. 전기 코드가 조금 끊어지거나 피복이 벗겨지면 새것으로 바꾸고, 집안에 꼭 누전 차단기를 설치해야 한다. 한 콘센트에 여러 개의 플러그를 꽂아 사용하는 것을 금하고……. 사용한 전기 기구는 플러그를 반드시 뽑아 두는 거야."
"그렇군요. 화재가 일어나면 어떻게 해야 하죠?"
이번에는 동배가 물었습니다.
"건물 안에 불이 난 것을 알았으면 먼저 다른 사람들에게 알려야겠지? '불이야!' 하고 큰 소리로 외치는 거야. 화재 경보 비상벨을 누르고, 차분

하게 전화로 119에 신고하고……. 불이 났을 때는 안전하게 대피하는 것이 중요한데, 절대로 엘리베이터를 이용하면 안 돼. 정전이 되면 엘리베이터 안에 꼼짝없이 갇힐 수 있거든. 그러니까 반드시 비상구 계단을 통해서 대피해야겠지. 만약에 아래층으로 내려갈 수 없으면 옥상으로 대피해야 해. 불길 속을 지날 때는 연기에 질식되는 것을 막기 위해 물에 적신 수건이나 담요로 코와 입을 막아야겠지. 손잡이가 뜨거우면 문을 열지 말고 다른 출구를 찾아보고……."

"다른 출구가 없으면 어떻게 해요?"

"그때는 구조대원이 올 때까지 건물 안에서 기다려야지. 혹시 옷에 불이 붙으면 두 손으로 코와 입과 눈을 막고 바닥을 뒹굴어야 돼."

"잘 알겠어요. 불이 났을 경우를 생각하니 공연히 긴장되고 손에 땀이 나는 걸요."

아이들은 머릿속에 화재 현장을 그려 보았는지 모두들 긴장된 얼굴이었습니다. 그때 화재 현장에서 벗어나려는 듯 창희가 쾌활한 목소리로 물었습니다.

"박사님, 화재 이야기 다음에는 무슨 이야기예요?"

"100만 명 이상이 굶어 죽은 아일랜드 대기근 이야기다."

아이들은 마른침을 꿀꺽 삼키고, 무슨 이야기가 나올지 장길손 박사의 입을 쳐다보았습니다.

로마 역사상 가장 큰 화재, 로마 대화재★

로마 대화재 모습

네로는 서기 54년부터 68년까지 고대 로마를 다스렸던 황제였어요. 로마에는 수많은 황제들이 있었지만, 그 가운데 가장 악명 높았던 황제는 네로였어요. 그는 잔인하고 탐욕스럽고 음란하다 하여 오늘날까지 폭군으로 불리고 있답니다.

폭군 하면 누구나 네로 황제를 떠올리게 되는데, 많은 죄를 지었다고 알려져 있기 때문이에요. 그중에서도 용서받을 수 없는 죄로 꼽는 것은 다음의 세 가지예요. 네로는 어머니와 아내를 죽였고, 로마에 불을 질렀으며, 기독교인들을 붙잡아 무자비하게 죽였어요.

폴란드의 소설가 시엔키에비치의 장편 소설을 원작으로 삼아 만든 영화 〈쿼바디스〉에는 네로가 불타는 로마 시내를 내려다보며 악기를 연주하고 노래를 부르는 장면이 나와요. 이것이 사실이라면 네로야말로 틀림없는 폭군이고 미치광이라고 할 수 있겠지요.

그런데 로마를 연구한 학자들에 따르면, 네로는 로마에 불을 지르지 않았다고 해요. 역사학자 타키투스가 불과 몇 년 뒤에 쓴 책에 의하면, 불이 났을 때에 네로는 로마에 있지 않았어요. 로마에서 56킬로미터쯤 떨어진 안티움 별장에 있었어요. 그는 로마에 큰 화재가 일어났다는 소식을 듣고 밤새도록 말을 달려 로마로 돌아왔어요. 그때는 이미 로마가 잿더미로 변한 뒤였어요. 네로는 얼른 화재 수습에 나서서 집 잃은 사람들을 위해 피난처를 제공하고 음식을 나

누어 주었어요. 그리고 로마 시민들에게 도시를 재건하겠다고 약속했지요.

　로마 시내에 불이 난 것은 64년 7월 18일 밤이었어요. 막시무스 대경기장 아래의 한 가게 기름 창고에서 시작된 불은 바람을 타고 빠르게 번져 갔어요. 좁은 골목에 빽빽하게 들어선 건물들을 모두 태우고 다른 지역으로 옮겨 갔지요.

　화재는 쉽게 진압되지 않았어요. 로마에는 소방대원 7천 명으로 이루어진 소방대가 있었지만, 한 줄로 서서 테베라 강물을 양동이로 떠서 옮기는 방법으로는 불길을 잡을 수 없었어요. 결국 불은 7일 밤낮을 타올라 로마를 잿더미로 만들었어요. 이 화재로 로마 시내의 14개 지역 중에 10개 지역이 피해를 입었으며, 수많은 사람들이 죽거나 다치고 20만 명 이상이 집을 잃었지요.

　그 뒤 네로는 로마 시민들에게 말한 대로 폐허가 된 로마를 재건하는 일에 나섰어요. 화재를 방지하기 위해 길을 넓히고 건물들 사이에 공간을 확보했으며, 건물의 높이를 제한했어요. 건물을 지을 때 들보는 석재를 쓰고 공동 주택에는 뜰에 물탱크를 설치하게 하는 등 규정도 정했지요. 그래서 규정에 맞는 건물을 짓는 사람에게는 장려금을 주었답니다.

　네로는 도시 재건 사업과 함께 불에 타서 없어진 궁전을 다시 짓는 일에도 힘을 쏟았어요. 궁전은 팔라틴 산자락에 얼마나 크고 아름답게 지었는지 네로 자신이 이 궁전을 '도무스 아우레아(황금 궁전)'라고 불렀어요. 그 안은 벽을 황금과 보석으로 장식했으며, 연못·정원·호수·동물원·네로의 동상까지 세웠어요.

　네로가 어느 궁전과도 비교할 수 없는 화려한 궁전을 짓자 로마에는 이런

소문이 퍼졌어요. 네로가 궁전을 새로 짓기 위해 일부러 로마에 불을 질렀다는 것이에요.

네로는 이런 소문을 잠재우려고 화재의 책임을 기독교인들에게 뒤집어씌웠어요. 기독교인들이 로마에 불을 질렀다며 그들을 잡아들였지요. 기독교인들은 방화범이라는 누명을 쓴 채 원형 경기장인 막시무스 대경기장에서 처형당했어요. 방화는 살인죄로 처벌하기 때문에 사형을 당했던 거지요.

로마 역사상 가장 큰 화재였던 로마 대화재는 런던 대화재·도쿄 대화재와 함께 세계 3대 화재로 알려져 있어요.

도시 전체를 잿더미로 만든 시카고 대화재★

시카고 대화재 모습

시카고는 미국의 유명한 대도시 가운데 하나예요. 하지만 1831년까지는 인구가 겨우 350명밖에 되지 않는 이름 없는 마을이었어요. 당시에 인디언을 토벌하려고 세운 작은 마을이었거든요. 그런데 서부 개척 시대가 열리면서 시카고는 눈부시게 발전하기 시작했어요. 350명에 불과했던 인구가 40년 만에 30만 명으로 늘어났어요. 상상하기조차 힘든 비약적인 성장이었지요. 그런데 이 모든 성장을 하루아침에 잿더미로 만든 사건이 일어난 거예요.

1871년 10월 8일 일요일 밤 9시쯤 시카고 뒷골목에서 원인을 알 수 없는 불이 났어요. 당시 어느 신문은 올리버리라는 남자가 기르던 암소가 주인이 젖을 짜주지 않자 화가 나서 등불을 걷어차는 바람에 불이 났다고 했어요.

또 어느 신문은 올리버리 부인이 정부의 구호물자가 끊기자 화가 나서 불을 냈다고 했어요. 그 밖에 여러 가지 설이 있었지만, 화재의 원인은 정확히 밝혀지지 않았어요.

시카고는 본래 바람이 잦은 도시예요. 불은 강한 바람을 타고 걷잡을 수 없이 번져 갔어요. 10킬로미터에 이르는 시가지 전체를 휩쓸었지요.

시카고는 190킬로미터에 이르는 보도가 돌이 아닌 소나무로 되어 있었어요. 소나무는 불에 타기 쉬우니 불길은 보도를 타고 순식간에 퍼져 갔어요.

불은 다음 날까지 31시간 동안 도시를 휩쓸었어요. 이 화재로 건물 8만여 채가 불에 타고 10만여 명의 이재민이 생겼어요. 재산 피해는 2억 2,200만 달러로, 요즘 화폐 가치로 249억 달러에 이르렀지요. 피해 규모에 비해 사망자는 300명에 그쳐 기적에 가깝다고 말하는 사람도 있어요.

큰 화재로 시카고는 하루아침에 폐허가 되었지만 곧 재건 작업이 진행되었어요. 한 달 만에 주택 5천 채가 지어지는 등 빠른 복구가 이루어져, 시카고는 화재 10년 만에 고층 빌딩 숲으로 변했답니다.

 **이것은 꼭 알아두세요.**

런던 대화재 이후 화재를 막기 위해 어떤 조치들이 취해졌나요?
1667년에 건물을 돌이나 벽돌로 지어야 한다는 건설법이 만들어졌고, 소방대를 처음으로 창설하고 소방 안전을 위한 건축 방화 법이 만들어졌어요. 또 화재 보험 회사도 탄생했어요.

세종이 한양 대화재 이후 화재에 대비해 세운 소방서는?
금화도감

전기의 합선, 누전, 과부하를 막을 수 있는 방법은 무엇일까요?
피복이 벗겨지면 새것으로 바꾸고, 집 안에 누전 차단기를 설치해야 해요. 한 콘센트에 여러 개의 플러그를 꽂아 사용하는 것을 금하고, 사용한 전기 기구는 플러그를 반드시 뽑아 두어요.

불이 났을 때 엘리베이터를 이용하는 것은 왜 위험한가요?
정전이 되면 엘리베이터 안에 갇히게 돼요.

제 4 장
100만 명 이상이 굶어 죽은 아일랜드 대기근

장길손 박사가 이야기를 꺼내기 전에 먼저 입을 연 것은 연두였습니다.
"박사님, 아일랜드 대기근 이야기를 하시기 전에 옛이야기 한 토막 해 주시면 안 되나요? 옛이야기에 목말라하는 저희들의 마음을 굽어 살펴 주세요."
"옳소! 제발 부탁드려요."
창희가 맞장구를 치자 장길손 박사는 고개를 끄덕였습니다.
"좋아, 너희들이 원한다면 그렇게 하지. 이 이야기는 보리 이삭에는 왜 보리알이 조금밖에 달려 있지 않은지 밝혀 주는 이야기란다."

옛날 옛적에 사람들은 보리농사만 지어도 아무 걱정 없이 살았어. 보리 이삭에 보리알이 오백여 개나 달리기 때문이었지. 따라서 벼농사를 짓지 않아도 먹고살 만했어.

어느 날, 하느님이 땅 위로 내려왔어. 하느님은 사람들이 살아가는 모습을 보려고 여기저기 돌아다녔어.

하느님은 보리밭에 왔다가 한 아이와 아이 엄마를 보았지.

엄마는 아이를 보리밭 옆 개울가에서 놀게 하고, 땀을 뻘뻘 흘리며 김을 매고 있었어.

그때 아이가 개울에 풍덩 뛰어들었어. 아이는 개울물을 온통 뒤집어썼지.

엄마는 얼른 개울가로 달려가 아이를 건져 냈어. 그러고는 아이를 보리밭으로 데려갔어.

"너 또 물장난할래? 옷이 다 젖었잖아."

엄마는 아이의 옷을 벗겼어. 그리고 보리 이삭을 잘라 아이의 젖은 몸을 닦아 주었어.

하느님이 이 광경을 보고 불끈 성을 냈어.

"소중한 양식으로 아이의 몸을 닦아 줘? 고얀 것! 배불리 먹고 잘살게 해 줬더니 못하는 짓이 없구나. 앞으로는 보리 이삭에 보리알이 달리지 않게 하겠다."

그 뒤부터 사람들이 사는 세상에 기근이 찾아왔어. 사람들은 먹을 것이 없어 굶주림에 시달렸지.

사람들은 하느님에게 빌었어.

"하느님, 저희들이 잘못했습니다. 다시는 곡식을 함부로 다루지 않을 테니 용서해 주십시오."

"듣기 싫다. 너희들은 보리를 먹을 자격도 없다. 썩 물러가거라."

"하느님, 저희들은 죄 값을 치러야 하기에 굶어 죽어도 상관없습니다. 하지만 보리알이 달리지 않으면 죄 없는 닭이 죽게 됩니다. 하느님께서는 닭이 굶어 죽게 내버려 두실 겁니까?"

그제야 하느님은 누그러진 목소리로 말했어.

"닭을 굶겨 죽일 수는 없지. 이제부터는 보리 이삭에 닭이 먹을 만큼만 보리알이 달리게 하겠다."

이때부터 보리 이삭에는 보리알이 그 전의 10분의 1밖에 달리지 않게 되었단다.

"하하, 보리 이삭에 왜 보리알이 조금밖에 달려 있지 않나 했더니 그런 기막힌 사연이 있었군요. 재미있어요."

"닭이 먹을 만큼만 보리알이 달리게 하셨다니, 하느님이 그처럼 닭을 사랑하시는지 몰랐어요."

"사람보다 닭을 더 사랑하시는 것 같아요."

아이들은 돌아가며 이야기를 들은 소감을 밝혔습니다.

그런데 입을 꾹 다물고 있던 동배가 항의하듯이 말했습니다.

"박사님, 옛이야기가 너무 짧아요. 금방 끝나서 아쉬웠어요. 한 편 더 들려주세요."

아이들은 기다렸다는 듯이 동배 편을 들었습니다.

"동배 말이 옳아요. 저희들에게 한 편 더 들려주세요."

"재미있는 이야기로요."

"부탁해요."

아이들의 성화에 장길손 박사는 옛이야기 한 편을 더 들려주지 않을 수 없었습니다.

"좋아. 보리 이삭에 대한 이야기를 했으니 이번에는 보릿고개에 대한 이야기를 들려주지."

이 세상에서 제일 넘기 힘든 고개가 무슨 고개냐?

옛날에 어느 어진 임금이 가장 지혜로운 사람을 나인*의 우두머리로 뽑기로 했어. 그래서 나인들을 한 자리에 불러 놓고 이렇게 물었지.

"이 세상에서 제일 넘기 힘든 고개가 무슨 고개냐?"

나인들은 저마다 임금에게 아뢰었어.

"추풍령 고개입니다."

"대관령 고개입니다."

"문경새재입니다."

그러자 임금은 고개를 저었어.

그때 맨 뒤에 있던 나인 한 사람이 일어나서 말했어.

"세상에서 제일 넘기 힘든 고개는 보릿고개입니다."

그러자 임금은 무릎을 탁 치며 말했어.

"옳거니, 바로 그거다. 추풍령 고개, 대관령 고개, 문경새재, 모두 넘기 힘든 고개임에 틀림없지만 보릿고개에 비할 수가 있겠느냐? 보릿고개야말로 가난한 백성들에게는

나인
고려·조선 시대에, 궁궐 안에서 왕과 왕비를 가까이 모시는 내명부를 통틀어 이르던 말. 엄한 규칙이 있어 환관(宦官) 이외의 남자와 절대로 접촉하지 못했으며, 평생을 수절해야 했다.

세상에서 제일 넘기 힘든 고개이지. 잘 대답했다. 너는 참 지혜로운 사람이로구나."

임금은 보릿고개라고 대답한 나인을 우두머리로 임명했어. 그러고는 나라에 어려운 일이 생길 때마다 그 나인에게 의견을 물어 나라를 잘 다스렸다고 해.

옛날 사람들은 가을에 추수를 하여 겨울을 나고 다음 해 봄이 되면, 양식이 떨어져 큰 어려움을 겪었어. 이때부터 시작해서 햇보리가 나오는 음력 4월까지는 험한 고개를 넘듯 매우 어려운 고비라고 해서 '보릿고개'라고 불렀단다. '춘궁기'·'맥령기'라고도 했지.

실학자 정약용은 '보릿고개 험한 고개, 태산보다 높은 고개'라고 노래했고, 학자 이학규도 '천하에 험하기로는 보릿고개 만한 것이 없다.'고 했어. 왜냐하면 매우 살기 어려웠던 시기였기 때문이야.

사람들은 양식이 떨어지면 풀뿌리나 나무껍질로 끼니를 이어가거나, 구걸 또는 빚으로 살았어. 때로는 유랑민이 되어 떠돌아다니기도 했어. 그렇게 힘들게 지내면서 보리의 수확을 애타게 기다렸지.

보릿고개는 이제 옛말이 되었지만, 일제 강점기 때와 광복 후 1950년대까지만 해도 연례행사처럼 찾아와 농민들은 그 고개를 넘기가 여간 힘든 게 아니었단다.

장길손 박사가 들려준 옛이야기는 이번에도 짧았습니다. 하지만 두 편 다 들려주었으니 더 이상 항의할 수 없었습니다.

다은이가 말했습니다.

"보릿고개가 세상에서 제일 넘기 힘든 고개라니 틀린 말이 아니에요. 옛날 사람들은 가뭄이라도 들면 큰 고통을 겪었겠어요."

"당연하지. 옛날에는 대부분 농사를 지어 살았으니, 비가 오지 않아 가뭄이 들면 큰일이었지. 농작물이 말라죽으면 오랫동안 굶주림이 이어지는 거야. 학자들의 연구에 따르면, 고대 문명도 모두 가뭄 때문에 멸망했다는구나. 이집트 문명, 메소포타미아 문명, 마야 문명, 아나사지 문명, 티와나쿠 문명, 앙코르와트 문명 등 모든 문명이 긴 가뭄 탓에 더 이상 버티지 못하고 사라졌다는 거야. 몇 달 동안 또는 몇 년 동안 비가 내리지 않아 가뭄이 계속되면 사람이든 동물이든 생명을 지키기 어려워져. 인류 역사를 살펴보면 최악의 재난인 큰 가뭄 때문에 떼죽음을 당한 경우가 수없이 많았단다. 아시아 · 아프리카 · 유럽 · 아메리카 할 것 없이 한꺼번에 수백만 명씩 목숨을 잃었어. 가뭄은 오늘날에도 사라지지 않아서 아프리카의 여러 나라에서는 2천만 명이 넘는 사람들이 굶주림으로 죽음의 위기를 맞고 있단다."

심각한 얼굴로 이야기를 듣고 있던 세라가 질문을 던졌습니다.

"박사님, 가뭄에 대비하려면 어떻게 해야 하나요?"

"댐이나 저수지를 만들어 비가 올 때 빗물을 가둬 두었다가 가뭄 때 쓰는 방법이 있지. 우리나라도 이제는 물 부족 국가에 속하니 평상시에 물을 아껴 써야 한단다. 그렇게 아껴 쓰는 습관을 생활화하여 물이 낭비되는 것을 막아야겠지. 농사를 짓는 농촌 지역에서는 가뭄이 오기 전에 우물 등을 파서 물을 확보하고, 물을 끌어올 수 있는 수로나 물을 퍼 올릴 수 있는 양수기 등을 준비하는 것도 중요하지."

"그렇군요. 가뭄이 들면 비가 와야 하는데, 옛날 사람들은 비를 내려 달라고 하늘에 제사를 지냈다면서요?"

창희의 질문에 장길손 박사는 웃으며 답했습니다.

"옳지, 잘 알고 있네. 비 오기를 비는 제사를 '기우제'라고 한단다. 우리나라는 오랜 옛날부터 3~4년에 한 번은 심한 가뭄을 겪었어. 따라서 비 오기를 비는 제사를 자주 드렸지. 우리 선조들은 비가 오지 않는 것은 하늘의 노여움 때문이라고 생각했어. 하늘의 노여움은 왕이 정치를 잘못해서 생긴 것이니, 왕은 그 노여움을 풀기 위해 기우제를 지냈어. 목욕재계하고 하늘에 용서를 빌며 비를 내려 달라고 빌었지. 왕은 기우제를 드리기 전에 옥에 갇힌 모든 죄수들을 풀어 주고, 백성들의 세금을 감해 주었어. 왕 스스로도 음식을 먹지 않거나 줄이고, 거처를 초가로 옮기기도 했어. 옛날에 가뭄이 계속되면 민간에서도 기우제를 올렸단다. 제물을 마련하여 산봉우리나 강가, 냇가에 제단을 차려 놓고 제사를 지냈어.

기우제를 할 때는 제사에 참여하는 모든 사람들이 목욕재계하고 경건한 마음으로 빌었어. 제단 주위를 청결하게 하여 부정한 사람은 얼씬도 못하게 했지."

"기우제를 아주 경건하게 했군요. 박사님, 기우제는 어느 때 지냈나요?"

창희는 계속 질문을 했습니다.

"기우제는 보통 자정 무렵에 올렸어. 그래서 하늘에 알리려고 산꼭대기에서 불을 질렀지. 불기운이 하늘로 올라가면 천신이 불을 끄려고 비를 내린다고 생각했어. 실제로 1927년 8월 4일에는 경상도 영덕 지방에서 기우제를 올리며, 116개 마을이 밤 10시에 동시에 산꼭대기에서 불을 질렀어. 그러자 정말 빗방울이 후드득 떨어졌다고 해."

"그게 정말이에요?"

아이들은 깜짝 놀랐습니다.

"어떻게 그런 일이……. 참으로 신기해요."

"천신의 도우심인지 우연의 일치인지 아무튼 신비로운 일이 벌어져 사람들을 놀라게 했지. 강원도 고성 지방에서는 기우제를 올릴 때 산꼭대기에서 개를 잡았어. 그러고는 그 피를 바위에 적셔 놓았지. 그러면 천신이 더럽혀진 산을 깨끗이 씻으려고 비를 내릴 것이라고 생각했어."

세라가 얼굴을 찡그렸습니다.

"어머, 잔인해요. 비를 내려 달라고 하늘에 빌면서 왜 귀여운 개를 죽여요?"

"너무 끔찍해요. 개를 희생 제물로 쓰다니요."

아이들이 흥분된 얼굴로 목소리를 높였습니다.

장길손 박사가 말했습니다.

"너무 흥분하지 말고 내 이야기를 마저 들어 보렴. 강원도 고성 지방과 비슷한 기우제 풍습은 전라도 곡성 지방에도 있단다. 기우제를 올릴 때는 부인들이 모두 산꼭대기에 올라가 일제히 소변을 본다고 해. 신성한 산이 더럽혀졌다고 이를 씻어 내려고 천신이 비를 내린다는 거야. 심지어 천신의 노여움을 사서 비를 부르려고, 마을 사람들이 산으로 몰려가 무덤을 파헤치는 경우도 있었단다."

아이들은 어이없어했습니다.

"기우제도 좋지만 어떻게 그럴 수가 있어요? 남의 무덤을 파헤치다니……."

"사람의 도리에 어긋난 짓이 분명하지? 얼마나 간절히 비를 원했으면 그런 짓을 했을까 하면서도 지나치다는 생각이 드는구나."

그때 연두가 갑자기 생각이 난 듯 물었습니다.

"박사님, 아까 아일랜드 대기근이라고 하셨죠? 흉년은 알겠는데 기근은 정확하게 무슨 뜻이죠?"

장길손 박사가 대답했습니다.

"기근은 흉년으로 양식이 모자라 굶주리는 것을 뜻한단다. 가뭄·홍수·태풍·병충해·집중 호우·이상 한파·곤충 떼 출몰 등으로 농작물이 파손되어 양식을 얻기 어려워진 경우를 말하지. 기근은 이렇듯 자연적 원인으로 일어나지만, 전쟁 등의 인위적 원인으로 일어나기도 한단다. 전쟁이 일어나면 식량이나 농산물이 파손되고, 포위 전술 등으로 식량이 제대로 보급되지 않아 굶주림에 처할 수 있거든. 전쟁으로 인해 토지가 황폐화되고 농산물이 파손되어 기근이 올 수도 있고 말이야. 유엔에서는 기근을 이렇게 규정하고 있어. '특정 지역에서 전체 가구의 20퍼센트 이상이 식량을 구하지 못해 생존을 위협받고, 영양실조가 전체 인구의 30퍼센트를 넘으며, 인구 1만 명당 기아 사망자가 하루 2명 이상일 경우' 기근이라는 거지. 그때 그 지역을 기근으로 선포한단다. 아무튼 기근이 발생하면 많은 사람들이 목숨을 잃었어. 고대부터 현대까지 기근이 끊이지 않아 인류의 역사를 '기근의 역사'라 부르고 싶을 정도야."

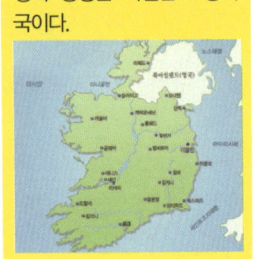

아일랜드
북대서양 북동부 아일랜드섬의 대부분을 차지하는 나라. 정식 명칭은 아일랜드 공화국이다.

"아일랜드* 대기근은 어떻게 해서 일어났죠?"

"아일랜드 대기근을 알려면 감자의 재배 역사를 알아야 해. 이 대기근은 아일랜드에서 감자를 주식으로 삼다가 일어났거든. 지금부터 내가 하는 이야기를 잘 들어 보렴."

감자는 가지과에 속하는 여러해살이풀이야. 한자로는 북저(北藷)·토감저(土甘藷)·양저(洋藷)·지저(地藷)라고 하며 방언으로는 하지감자·디과라고 해.

세계적으로 중요한 식용 작물 가운데 하나로, 땅속줄기의 끝부분이 부풀어 올라 모양과 크기가 다양한 덩이줄기를 이루지. 이 덩이줄기를 캐서 식용을 하는 거야.

감자는 3월 말부터 4월 말에 걸쳐 심는데, 서늘한 기후에 잘 자라지. 품종에 따라 90~130일이면 다 자라기 때문에 6월 말에서 9월 초에 걸쳐 거두어들인단다.

감자는 페루, 볼리비아에 걸쳐 있는 안데스 산맥이 원산지야. 이곳에 자리 잡은 잉카 제국을 감자가 세웠다고 말할 만큼 감자는 여기 사람들의 중요한 양식이었지.

감자가 유럽에 전해진 것은 1530년대였어. 잉카 제국을 침략한 스페인 사람들이 자기네 나라로 들여왔어.

그러나 감자는 처음에 음식으로 식탁에 오르지 못했어. 다른 약초나 채소처럼 정원에서 관상용으로 길러졌지. 물론 감자를 전혀 먹지 않은 것은 아닌데, 스페인에서 감자를 먹는 사람들은 가난한 사람들이나 군인들뿐이었어.

30년 전쟁(1618~1648년)★ 때 프로이센으로 간 스페인 용병들은 감자를

> **30년 전쟁**
> 1517년 유럽에서는 독일의 신학 교수인 마르틴 루터에 의해 종교 개혁이 일어났다. 이후 그를 지지하는 신교파가 생겨나면서, 가톨릭을 믿는 구교파와 갈등이 깊어졌다. 신교파가 구교를 강요하는 신성 로마 제국에 반기를 들면서 일어난 종교 전쟁으로, 30년 동안 계속되었다.
>
> **7년 전쟁**
> 슐레지엔을 서로 차지하려고 유럽 대국들이 둘로 갈라져 싸운 전쟁.
>
> **파르망티에(1737~1813)**
> 프랑스의 농학자, 약사. Mondidier 출생. 글루텐에 관한 최초의 연구자 중 한 사람으로, 특히 1770년 기근 때에 감자 재배를 권장하고 감자의 중요성을 알리기 위해 평생을 바쳤다.

말의 먹이로 주었는데, 양식이 떨어져 배고프면 자기들도 그것을 먹곤 했지. 당시에 프로이센 사람들은 이것을 보고 감자를 얻어먹었는데, 처음엔 먹는 방법을 몰랐어. 껍질도 벗기지 않고 날것으로 먹다가 배탈이 났다고 해.

감자는 유럽에 전해지고도 한참 동안 사람들의 관심을 끌지 못했어. 땅속에 몸을 숨기고 있다고 '저주받은 악마의 식물'이라느니, 흉측하게 생겼다고 '감자를 먹으면 나병에 걸린다'느니 하는 속설이 퍼져 있었지.

하지만 7년 전쟁(1756~1763년)★이 일어나 굶주리는 병사들에게 좋은 식량이 되면서 감자는 차츰 유럽에 퍼져 나가기 시작했어. 특히 프로이센 군의 포로가 되어 감자를 맛본 프랑스 군의 약사 파르망티에★는 프랑스로 돌아와 감자 보급에 앞장섰지. 그는 갖가지 감자 요리를 만들었으며, 1770년 프랑스에 큰 흉년이 들었을 때 감자로 많은 사람들을 구했어.

이렇게 감자가 기근에 대비한 음식으로 알려지면서 널리 재배되어, 18세기 말에는 유럽 농민과 도시 빈민들을 먹여 살리는 주식이 되었단다.

유럽에서 감자를 주식으로 처음 먹기 시작한 나라는 아일랜드였어. 이 나라는 잉글랜드의 식민 통치를 받고 있어 주요 양식인 밀, 소고기 등이 외국으로 빠져나갔어. 따라서 아일랜드 사람들은 감자를 주식으로 하여 먹고

살 수밖에 없었지. 그나마 아일랜드는 비가 많이 내려 감자 농사가 잘 되었다고 해.

하지만 1846년 아일랜드에 비극적인 일이 생겼어. 감자가 썩고 그 줄기가 마르는 병이 미국에서 아일랜드로 흘러 들어온 거야. 이 병으로 감자 농사는 완전히 망쳤고, 100만 명 이상이 굶어 죽거나 영양실조로 목숨을 잃었지.

먹고살 길이 막막해진 사람들은 조국을 떠나 뿔뿔이 흩어졌어. 대부분 기회의 땅이라는 미국이나 캐나다로 건너갔고, 영국 · 호주 · 뉴질랜드로 이주한 사람들도 많았지. 1855년까지 100만 명 이상이 조국을 등졌다고 해.

조선 최악의 재난, 경신 대기근

경신 대기근은 조선 현종 때인 1670년(경술년)과 1671년(신해년)에 있었던 대기근이에요. 경술년의 '경'과 신해년의 '신'을 따서 경술년과 신해년에 있었던 대기근이라 하여 이런 이름을 얻었지요.

경신 대기근은 조선 최악의 재난이자 우리 민족 5000년 역사상 최대의 기근이에요. 무려 100만 명이 굶어 죽었거든요. 1669년 조선의 인구가 516만 명이었다고 하니 2년 동안 전체 인구의 25퍼센트가 희생된 셈이에요. 나이 많은 노인들은 '임진왜란과 병자호란도 이 대기근보다는 나았다.'고 말할 정도로 큰 피해를 입었어요.

경신 대기근은 뜻 하지 않은 자연재해로 시작되었어요. 1670년(현종 11년) 봄에 밭농사가 심한 가뭄과 냉해 피해를 입더니, 여름에는 논농사가 수해를 입었어요. 겨우 살아남은 작물도 6~7월의 우박과 서리, 8월의 태풍으로 결정타를 맞았지요. 그리하여 그해 농사는 완전히 망쳐 버렸어요. 전국 360개 고을 가운데 흉작을 입지 않은 곳은 단 한 군데도 없었어요. 전례 없는 대흉작이었어요.

그러다 보니 먹을 것이 없어 굶어 죽는 사람들이 속속 늘어났어요. 거리 곳곳에는 이들의 시체가 산더미같이 쌓였어요. 당시에는 전염병에다 가축병까지 겹쳐 아비규환이 따로 없었어요. 굶주린 사람들은 가축을 잡아먹거나 풀뿌리와 나무 껍질로 버티기도 했는데, 병들어 죽어 땅에 묻은 소를 다시 파내어 먹다가 병에 걸려 죽은 사람도 부지기수였어요. 겨울이 되어 추워지자 얼어 죽는 사람도 많았답니다.

이렇게 되자 조정은 굶주린 백성들을 구하려고 한양에 구휼소를 세웠어요. 구휼소에서는 야외에 천막을 치고 죽을 쑤어 사람들에게 나누어 주었어요.

구휼소에는 사람들이 엄청나게 몰려들었어요. 하루에 무려 3~4만 명이 와서 서로 먼저 죽을 타려고 난리법석을 떨었어요. 매달 죽을 타 먹는 사람만 해도 100만 명이 넘었어요. 너무 사람들이 많이 몰리니 비축해 놓은 구휼미는 동이 났고, 구휼소는 몇 달 만에 문을 닫고 말았지요.

해가 바뀌어 1671년이 되어도 상황은 달라지지 않았어요. 날마다 전국 곳곳에서 백성들이 굶어 죽었다는 보고가 조정에 들어왔어요. 대기근으로 인해 부모가 아이를 도랑이나 강물에 버리는 일이 수없이 많았어요. 전라감사 오시수는 1671년 4월 조정에 이런 보고를 올렸어요.

떠돌며 빌어먹는 백성들이 아이를 버리는 일이 헤아릴 수 없이 많습니다. 옷자락을 붙잡고 따라가는 6~7살짜리 아이를 나무에 묶어 두고 갑니다. 부모형제가 눈앞에서 죽어도 슬퍼하기는커녕 묻어 줄 생각조차 안 합니다.

충청도에서는 연산에 사는 엄마가 다섯 살, 세 살 된 딸과 아들을 죽여서 삶아 먹는 사건이 벌어졌어요. 이렇듯 참혹한 대기근은 1671년 5월에 가장 피해가 심했다가 7월부터 피해가 줄어들기 시작했어요. 그리고는 곧 진정 국면에 들어섰지요. 그러나 24년 뒤인 1695년에 두 해에 걸친 을병 대기근이 일어나 또다시 100만 명 이상이 목숨을 잃었답니다.

중국에서 대기근을 일으킨 마오쩌둥*의 대약진 운동과 참새와의 전쟁

마오쩌둥(1893~1976)
중국의 정치가. 중국 공산당의 요직에서 활동하다가 중앙 제7차 전국 대표대회에서 연합 정부론을 발표하였으며, 장제스와의 내전에 승리하고 베이징에 중화인민공화국 정부를 세웠다. 문화 대혁명을 일으켜 자신의 권력을 강화하였다.

1958년 1월의 어느 날이었어요. 중국 공산당의 고위 간부들은 국가 주석인 마오쩌둥의 소집 명령에 따라 광시 성의 도시인 난닝으로 모여들었어요. 회의장에는 음식이 차려져 있었는데, 마오쩌둥이 아주 좋아한다는 뱀과 사향고양이 요리였어요. 이 요리는 '용 호투(龍虎鬪)', 즉 '용과 호랑이의 싸움'이라는 거창한 이름을 갖고 있었지요. 중국 사람들에게 용은 뱀, 호랑이는 고양이를 가리킨다고 보았어요. 그래서 음식 이름에 용과 호랑이가 들어가면 뱀과 고양이 요리라고 보면 된다는군요.

중국 공산당의 고위 간부들은 이 음식이 입에 맞지 않아 거의 먹지 못했어요. 하지만 마오쩌둥은 혼자 맛있게 그 음식을 다 먹어치웠어요.

마오쩌둥은 식사를 하기 전에 이런 연설을 했어요.

"우리는 1953년부터 국가 경제를 부흥시키기 위한 제1차 5개년 계획을 추진하여 성공리에 마쳤소. 앞으로 우리나라는 3년 안에 영국, 10년 안에 미국을 따라잡아 세계 최강의 나라가 될 것이오. 그렇게 하려면 철강 생산을 높여야 하오. 전국 농촌의 모든 집 뒤뜰에는 작은 용광로를 설치해 쇠를 만들도록 하시오. 그렇게 해서 생산량을 크게 늘린다면 우리나라는 다른 나라에서 철을 들여오지 않아도 될 것이오. 나는 국가 경제를 부흥시키기 위한 제2차 5개년 계획을 시작하면서 이 계획을 '대약진 운동'이라고 부르겠소. 우리 다 같이 힘을 합쳐 열심히 일해 봅시다."

마오쩌둥은 영국·미국 등의 선진국을 따라잡겠다는 포부를 밝히고 대약진 운동을 시작했어요. 인민공사를 통해 마을마다 작은 용광로를 설치해 철을 생산해 냈지요. 그러나 이 일은 실패하고 말았어요. 자본과 기술이 부족한 데다 만들어진 철의 질이 형편없어서 아무 쓸모가 없었거든요.

더 큰 문제는, 농촌의 젊은이들이 용광로에서 철을 만드는 일에만 매달리느라 농사일을 제대로 할 수 없다는 점이었어요. 제때 추수를 하지 못해 곡식들은 들판에서 썩어갔지요. 그 여파로 식량 부족 사태가 벌어져 대기근이 일어나, 1958년부터 1961년까지 전국에서 3천만 명이 넘는 사람들이 굶어 죽었어요.

대약진 운동 중에는 마오쩌둥의 명령으로 참새와의 전쟁도 벌였어요.

1955년 어느 농민이 중국 공산당 중앙당으로 "참새 등쌀에 농사짓기 힘들다."는 편지를 보냈어요. 그러자 마오쩌둥은 "12년 안에 전국에 있는 참새·쥐·파리·모기를 없애야 한다."고 선언했지요. 참새·쥐·파리·모기를 '4해(害)'로 규정하면서 말이에요. 그리고 2년 뒤에는 마오쩌둥이 회의를 하면서 "'4해'를 없애야 인민들이 살 수 있다. 내년 봄에는 이 일에 모든 힘을 쏟아 부어라."하고 명령했어요.

마오쩌둥이 참새와의 전쟁을 선포하자, 1958년 4월 19일 베이징 시는 '참새 섬멸 총지휘부'를 세워 참새 섬멸 작전을 시작했어요. 베이징 시민 300만 명을 동원하여 모든 건물의 옥상에 올라가 일제히 세숫대야·꽹과리·징을 쳐 대고 폭죽을 터뜨렸어요. 자동차들은 모두 경적을 울렸지요. 그런가 하면 길가에는 붉은 기를 든 사람들을 세워 놓았으며, 나무마다 허수아비를 세웠어요. 참새가 높이 날지 못하고 멀리 가지 않으며, 소리를 두려워하고 붉은 것에는 가까이하지 않는다는 약점을 노린 치밀한 작전이었어요.

이 작전은 성공을 거두었어요. 참새들은 앉을 곳이 없어 공중을 헤매다가 지쳐 땅바닥으로 떨어졌지요.

참새 섬멸 총지휘부는 참새를 소탕하기 위해 830개 지역에 독약이 든 과자를 산더미처럼 쌓아 놓았어요. 그리고 200개 지역에는 참새 전문 사냥꾼을 배치해 놓았지요.

이런 모든 작전에 힘입어 베이징 시는 참새와의 전쟁 첫날에 참새 8만 3,249마리를 해치웠어요.

참새 섬멸 작전은 3일 동안 계속되었어요. 베이징 시는 참새 40만 마리를 소탕하여 참새의 그림자도 찾아볼 수 없게 되었다고 해요.

참새 섬멸 작전은 전국 곳곳에서 벌어졌어요. 1958년 한 해 동안 모두 2억 1,000만 마리의 참새가 목숨을 잃었어요. 이제 중국에서 참새는 거의 멸종되다시피 했지요.

그런데 참새를 소탕하자 다른 문제가 생겼어요. 이듬해 봄 전국의 농촌과 도시에 해충이 엄청나게 늘어난 거예요.

참새는 해충을 많이 잡아먹잖아요. 천적인 참새가 거의 사라졌으니 해충들이 들끓는 것은 당연했지요.

해충들은 농작물에 큰 피해를 입혔어요. 수확도 하기 전에 곡식을 모두 먹어 치웠으니 대기근이 일어나 농민들은 굶주림에 허덕였어요. 전국에서 굶어 죽는 사람들이 수천만 명에 이르렀지요.

이렇게 되자 마오쩌둥은 참새와의 전쟁을 중단했어요. 그리고 '4해'에서 참새를 빼고 대신 바퀴벌레를 넣었지요.

중국을 한동안 들썩이게 했던 참새 섬멸 작전은, 참새들과 사람들의 목숨만 앗아간 채 어이없는 해프닝으로 그렇게 끝나고 말았어요.

 **이것은 꼭 알아두세요.**

우리나라는 물 부족 국가예요. 평상시에 물을 아껴 쓰려면 어떻게 해야 할까요?
물을 아껴 쓰는 습관을 생활화해야 해요. 농촌에서는 우물을 파거나 수로를 만들고 양수기 등을 준비해요.

유엔에서는 기근을 어떻게 규정하고 있나요?
특정 지역에서 전체 가구의 20퍼센트 이상이 식량을 구하지 못해 생존을 위협받고, 영양실조가 전체 인구의 30퍼센트를 넘으며, 인구 1만 명당 기아 사망자가 하루 2명 이상일 경우

조선 최악의 재난이자 우리 민족 5000년 역사상 최대의 기근은?
경신 대기근

제 5 장
세계 최대의 해난사고, 타이타닉 호 침몰 사고

아일랜드 대기근 이야기를 마지막으로 첫날 수업이 끝났습니다. 창희와 세라는 도서관에서 나와 집으로 돌아왔습니다.

엄마는 남매가 돌아올 시각에 맞춰 주방에서 점심을 준비하고 있었습니다.

"엄마, 우리 왔어."

세라가 인사를 하며 엄마를 쳐다보았습니다. 엄마의 눈가에 눈물 자국이 있었습니다.

"엄마, 또 울었어?"

"아니, 그냥……."

엄마는 창가로 눈길을 돌리며 그렇게 얼버무렸습니다.

창희가 엄마에게 물었습니다.

"엄마, 텔레비전에서 세월호 뉴스 봤지?"

"응……. 세월호 참사*가 일어난 지 꽤 많은 날이 지났지만, 바닷속에 가라앉기 직전 배의 모습을 보면 가슴이 미어지는구나. 천하보다 귀한 생명들인데 구조되지 못하고 수장되어 버리다니……."

엄마는 목이 메는지 말을 채 잇지 못했습니다.

이윽고 엄마가 애써 미소를 지으며 남매에게 물었습니다.

"'어린이 재난 교실' 수업은 들을 만했니?"

창희가 대답했습니다.

"응, 끝내 줬어. 우리가 몰랐던 여러 가지 재난 이야기를 들었는데 아주 좋았어."

침몰 1091일만에 인양을 완료한 세월호

"'어린이 전염병 교실' 때처럼 어떻게 시간이 지나가는지 모를 정도였어. 이야기를 자세히 들려주셔서 마치 재난 현장에 와 있는 듯한 느낌이었어."

세라도 소감을 밝혔습니다. 그러자 엄마가 말했습니다.

"다행이다. '어린이 재난 교실' 수강 신청을 하길 잘했네. 수업 시간이 지루하다고 하면 어쩌나 걱정했는데."

"걱정하지 마. 장길손 박사님이 워낙 재미있게 강의를 하셔서 전혀 지루하지 않아."

창희와 세라는 첫날 수업을 받았지만 빨리 내일이 왔으면 좋겠다는 생각을 하며 잠자리에 들었습니다.

이튿날 아침, 남매는 아침을 먹고 일찌감치 도서관으로 갔습니다.

문화 교실에는 벌써 아이들이 와 있었습니다.

장길손 박사도 수업 시간 15분 전쯤 도착하여 교실을 둘러보고 놀라는 표정을 지었습니다.

"너희들, 벌써 왔니? 아유, 감동 먹었다. 선생보다 훌륭한 학생들이야."

"박사님, 이번 시간에는 어떤 재난 사건을 소개해 주시나요?"

말수 적은 동배가 모처럼 입을 열었습니다.

"타이타닉 호★ 침몰 사고다. 타이타닉 호는 당시 세계 최고의 호화 여객선이었는데, 빙산에 부딪혀 바닷속으로 가라앉아 버렸지."

타이타닉 호

장길손 박사의 말이 끝나기 무섭게 창희가 물었습니다.

"박사님, 세월호 사고를 아시죠? 혹시 역사 속에 세월호 사고와 같은 대형 참사가 있었나요?"

장길손 박사가 대답했습니다.

"세월호 사고는 미리 막을 수 있었던 사고라는 점에서 '인재'라고 할 수 있지. 세월호는 1994년 일본에서 만들어진 배란다. 이미 20년이나 된 낡은 배인데, 정부에서 배의 사용 기간을 20년에서 30년으로 늦춰 주어 해운 회사에서 이 배를 운항할 수 있었지. 게다가 배가 출발할 때 화물을 규정보다 1,065톤이나 초과하여 실었으니 스스로 사고를 불러왔다고 할 수 있어. 배 안에 있는 승객들을 구조하지 못한 것도 큰 잘못이고…….
조선 시대에도 세월호 사고와 비슷한 사고가 있었어. 숙종 때의 일이야. 1718년(숙종 44년) 10월 28일 배가 한강에서 뒤집혔어. 저녁 시간이어서 고향에 돌아가려고 서둘러 강을 건너려는 선비들이 많았는데 그들을 너무 많이 태웠던 거야. 강가에는 나루 경비를 맡은 관리인 별장과 사공의 일을 돕는 사격이 있었단다. 하지만 이들은 물에 빠진 사람들을 구하러 나서지 않았어. 그저 구경만 하고 있었지. 결국 이 사고로 배에 탔던 선비 80여 명이 물에 빠져 죽었단다."

창희가 흥분하여 소리쳤습니다.

"세상에! 어떻게 그런 일이 일어날 수 있어요? 조선 시대나 지금이나 똑

같아요!"

"역사는 반복된다고 하더니 옛날에 있었던 어처구니없는 사고가 현대에도 일어난 거야. 조선 시대에도 운항 규정을 어겨 사고가 나는 경우가 많았어. 그때는 태풍이 부는 7~8월에는 배를 띄우지 않았는데 이를 무시했다가 사고를 당하는 경우가 많았지. 1414년 8월 4일(태종 14년), 전라도 조운선 66척이 태풍을 만나 침몰해 200여 명이 수장되었는가 하면, 1620년 8월 6일(광해군 12년), 해군 판관 조길이 사사로운 부탁을 받고 배를 가득 실은 배를 출항시켰다가 침몰해 80여 명이 물에 빠져 죽었단다."

"그랬군요. 박사님, 타이타닉 호 침몰 사고는 어떻게 해서 일어났어요?"

연두가 궁금하다는 듯 묻자 장길손 박사가 대답했습니다.

"그렇지 않아도 그 이야기를 하려던 참이었다. 1912년 4월 10일……."

장길손 박사는 차분한 목소리로 이야기를 이어갔습니다.

1912년 4월 10일, 영국 남부 해안의 항구 도시인 사우샘프턴에서는 어마어마하게 큰 배 한 척이 뉴욕을 향해 항해를 시작했어.

이 배의 이름은 '타이타닉 호'로, 세계 최고의 호화 여객선이었지. 영국의 화이트 스타 해운 회사에서 1911년에 750만 달러를 들여 만들었는데, 당시 세계 제일의 군함보다 두 배나 큰, 세계에서 가장 큰 배였어. 총톤수 46,328톤, 최대 적재 배수량 66,000톤, 전체 길이 259.08미터, 폭 28.19미터, 깊이 19.66미터로 승객만 해도 3천 명 이상을 태울 수 있었지. 배 안에는 호화로운 객실과 레스토랑, 오락실이 갖추어져 있었어.

이날 항해는 타이타닉 호로서는 처녀항해였어. 이 배에는 승객과 승무원을 포함하여 2,208명이 타고 있었는데, 그중에는 미국의 광산 왕인 구겐하임, 세계에서 가장 유명한 백화점 사장 스트라우스, 영국 명문 집안의 귀족 코즈모 경, 필라델피아의 갑부 와이드너도 있었지.

영국에서 미국 뉴욕까지는 일주일쯤 걸리는 항해였어. 승객들은 낮에는 갑판에서 '가라앉지 않는 배'라고 소문난 타이타닉 호의 쾌속 질주를 즐겼으며, 밤에는 레스토랑에서 고급 요리를 먹고 댄스파티나 도박 게임을 했지.

타이타닉 호는 북대서양을 가로질러 22노트의 빠른 속도로 나아갔어. 그런데 4월 14일 오후 11시 40분 선원들은 코앞에 나타난 큰 빙산을 발견했지. 그러나 그 빙산을 피하기에는 너무 늦었어. 빙산에 부딪혀 배에는 100미터나 되는 커다란 구멍이 뚫리고, 방수 구획실도 세 개나 파손되었어.

이제 배는 바다 속으로 가라앉을 수밖에 없었어. 배의 무선 기사는 선장의 명에 따라 SOS 신호를 보냈고, 근처를 항해하던 카라파티아 호가 그 신호를 접하고 현장으로 달려왔단다. 하지만 그때는 이미 타이타닉 호가 바닷속으로 가라앉은 지 두 시간이 지난 뒤였어.

타이타닉 호는 빙산에 부딪힌 지 2시간 40분 만에 침몰했어. 배에 남아

있던 구명보트는 18척에 불과했고, 전체 승객 가운데 3분의 1만 탈 수 있었어.
　타이타닉 호의 승객들은 구명보트가 바다에 던져지자, 여자와 아이들을 구명보트에 먼저 태웠어. 그리고 남자들은 대부분 배 안에 남아, 타이타닉 호와 운명을 같이 했지. 뒤늦게 현장으로 달려온 카라파티아 호가 구명보트를 탄 사람들을 구조했는데, 생존자는 모두 695명이었어. 타이타닉 호 침몰 사고는 세계 최대의 해난 사고로 역사에 기록되어 있단다.

"구명보트를 탄 사람들도 배 안에 남아 있는 사람들 때문에 너무 가슴 아팠을 거 같아요."

"아, 그래서 〈타이타닉〉이라는 감동적인 영화가 만들어졌군요."

아이들은 놀란 얼굴로 저마다 한마디씩 했습니다.

"타이타닉 호 이야기는 너무도 유명하지. 그런데 세상에 알려지지 않은 숨은 이야기도 있단다. 너희들, 타이타닉 호 침몰 사고를 미리 예언한 사람이 있었다는 걸 아니?"

"정말요?"

아이들은 눈을 동그랗게 떴습니다.

"1898년 영국의 작가 로버트슨이 〈무용지물〉이라는 소설을 발표했어. 그런데 이 소설에는 놀랍게도 이런 내용이 적혀 있었어. '1898년 4월 세계 제일의 호화 여객선 타이타닉 호가 사우샘프턴을 출발해 처녀항해를 시작했다. 이 배는 세계 최대의 규모로 '가라앉지 않는 배'로 알려졌는데, 북대서양을 항해하다가 빙산에 정면으로 부딪혀 침몰하고 말았다. 승객과 승무원을 포함하여 3,000명이었는데, 구명보트가 24척에 불과해 많은 승객들이 목숨을 잃었다.' 소설에서는 침몰 시기를 1898년이라 썼지만, 그래도 '타이타닉 호'라는 배가 북대서양에서 빙산에 부딪혀 침몰할 것을 미리 예언한 셈이지."

창희가 감탄을 했습니다.

"대단한 점쟁이예요. 돗자리 깔아도 되겠어요."
"하하, 또 이런 이야기도 있단다. 타이타닉 호 승선을 예약한 승객 가운데 '오컨너'라는 영국 사업가가 있었어. 그는 미국으로 출장을 떠나기 전에 타이타닉 호가 바닷속에 가라앉아 승객들이 목숨을 잃는 꿈을 꾸었단다. 불길한 생각이 들어 그는 출장을 뒤로 미루고 예약을 취소했지. 결국 오컨너는 꿈 덕분에 타이타닉 호를 타지 않아 목숨을 건질 수 있었단다."
세라가 믿을 수 없다는 듯 한마디 툭 내뱉었습니다.
"말도 안 돼!"
"뭐가 말이 안 돼? 세상에는 우리가 모르는 신비한 일이 얼마나 많은데."
창희는 이렇게 말한 뒤 동의를 구하려고 장길손 박사를 쳐다보았습니다.
"그래, 네 말대로 세상에는 신비한 일이 참 많지. 그런데 내가 방금 한 이야기는 정설이 아니고 그저 전해지는 이야기일 뿐이야. 그야말로 '믿거나 말거나'지. …… 이제 다음 이야기로 넘어갈까? 20만 명이 희생되고 한국인 수천 명이 학살당한 관동 대지진 이야기야."

한국인 징용자들을 희생시킨 우키시마 호 침몰 사건

　　1945년 8월 22일 오후 10시, 일본 북동쪽에 있는 아오모리 현 시모키타 반도 오미나토 항구에서 4,730톤급의 배 한 척이 출항했어요. 일본 해군 소속 군함인 우키시마 호였어요. 이 배는 원래 1937년 만들어진 오사카 상선 소속의 화물선이었어요. 오키나와 항로나 태평양 항로를 주로 운항했지요. 그러다가 태평양 전쟁을 앞둔 1941년 군에 징발되어 전쟁 때 군용선으로 이용되었답니다.

　　우키시마 호에는 일제에 의해 강제로 징용되었던 한국인 노동자 수천 명과 그 가족, 그리고 승무원인 일본 해군 병사들이 타고 있었어요. 한국인 징용자들이 일본의 패전으로 해방을 맞이하자 고국으로 돌아가는 배에 몸을 실은 것이었어요.

　　이들이 일제에 의해 강제로 끌려갔던 곳은 시모키타 반도였어요. 이곳은 해협이 산기슭까지 들어와 절벽을 이룬 산악 지대로, 군사적으로 매우 중요한 요새였어요. 오미나토 해군 본부는 이곳에 비행기 활주로, 격납고, 탄약 지하 저장고, 항만, 방공호 등을 만들었어요. 그리고 미군의 일본 본토 공격에 맞서기 위해 시모키타 반도에 군수 기지 사령부를 조성했어요. 외부 지원 없이도 석 달 동안 적의 공격에 버틸 수 있을만한 무기와 탄약, 식량, 의약품 등의 군수 물자를 전국에서 모아들였어요. 이 군수 물자의 안전한 수송과 보관을 위해 철도·터널·부두·비행장 건설 공사를 서둘렀는데, 이 공사에 수많은 한국인 징용자들이 동원되었어요.

　　1945년 8월 15일 일제의 무조건 항복으로 전쟁이 끝나자, 일제는 사흘 뒤

인 8월 18일 한국인 징용자들을 강제 송환하라는 명령을 내렸어요. 한국인들이 폭동을 일으킬지 모른다는 두려움 때문이었어요. 오미나토 해군 본부는 한국인 징용자들과 그 가족을 우키시마 호에 태우고 배를 출발시켰어요.

우키시마 호가 향한 곳은 우리나라의 부산항이었어요. 오미나토에서 부산까지는 1,574킬로미터로, 시속 22킬로미터로 가면 사흘쯤 걸리는 거리였어요. 그런데 우키시마 호는 8월 24일 오후 5시쯤 방향을 바꿔 일본 해안선을 따라 남하하다가 마이즈루 앞바다로 들어갔어요. 해안에서 300미터쯤 떨어진 곳에 멈춰 섰을 때, 갑자기 배가 "쾅! 쾅! 쾅!" 하는 폭발 소리와 함께 침몰했어요. 이때가 8월 24일 오후 5시 20분쯤이었어요.

사건이 일어난 지 일주일이 지난 9월 1일 우키시마 호의 도리우리 함장은 사건의 경위를 밝혔어요. "한국인 노동자들을 부산으로 실어 나르던 우키시마 호가 사고를 당해, 한국인 노동자 3,725명 가운데 524명, 일본인 승무원 255명 가운데 25명이 사망했다."는 것이었어요.

그러나 이 사망자 수는 정확한 것이 아니었어요. 승선 명부가 아니라 미리 신청 받은 사람들의 명부에 기록된 숫자이기 때문이에요. 생존자들의 증언에 따르면, 명부에 이름을 올리지 않고 배를 탄 사람이 5천여 명이나 되고, 사망자 수는 수천 명에 달한다는 거예요.

우키시마 호 침몰 사건의 원인은 명확히 밝혀지지 않았어요. 일본 정부는 미군이 바다에 설치한 기뢰(바다 지뢰)에 닿아 배가 폭발, 침몰했다고 공식 발표했어요. 하지만 이 주장은 설득력이 없어요. 우키시마 호가 멈춰 서 있을 때 폭발했기 때문이에요. 목격자들에 따르면, 기뢰에 의한 폭발일 경우에는

물기둥이 50-60미터쯤 치솟는다는데, 사건 현장에서는 물기둥이 보이지 않았어요. 뿐만 아니라 헤엄을 쳐서 육지까지 10분밖에 걸리지 않는 곳에 미군이 기뢰를 설치할 이유가 없어요.

그래서 우리나라에서는 우키시마 호 침몰 사건의 원인을 '기뢰설'이 아니라 '자폭설'로 보고 있어요. '자폭설'은 일본 해군이 배에 폭탄을 설치하여 이를 폭파했다는 것이에요.

우키시마 호의 출항을 앞두고 승무원인 일본 해군 병사들은 한국으로 가는 것을 몹시 꺼려하고 두려워했다고 해요. 왜냐하면 부산에 갔다가 한국인 징용자들에게 보복을 당할 수 있었기 때문이에요. 그래서 일본 해군 병사들이 배를 폭파해 한국인 징용자들이 고국으로 돌아가지 못하게 했다는 것이에요.

우키시마 호가 오미나토 항을 출발했을 때 일본 해군 병사들이 갑판 위에 모여 있었다고 해요. 그때 해군 중위 한 사람이 갑자기 "일본군이 배 안에 폭탄을 설치했다!"라고 소리치자 모두 바다로 뛰어내렸다는 거예요.

배의 폭발 소리도 '기뢰설'이 허위이고 '자폭설'이 진실임을 말해 주고 있어요. 배의 폭발 소리가 "쾅! 쾅! 쾅!" 세 번이나 크게 울렸는데, 기뢰에 의한 폭발이라면 "쾅!" 하고 한 번으로 그치지요.

1945년 8월 22일 오후 7시 20분 오미나토 해군 본부는 우키시마 호 함장에게 "지금 출항하는 배 말고는 운항을 금하라. 폭발물을 처리하라."라는 비밀문서를 보냈어요. 이 문서가 2016년에 발견되었지요. 우키시마 호 침몰 사건은 일본 군부가 고의로 일으켰다는 결정적 단서가 되는 문서지요.

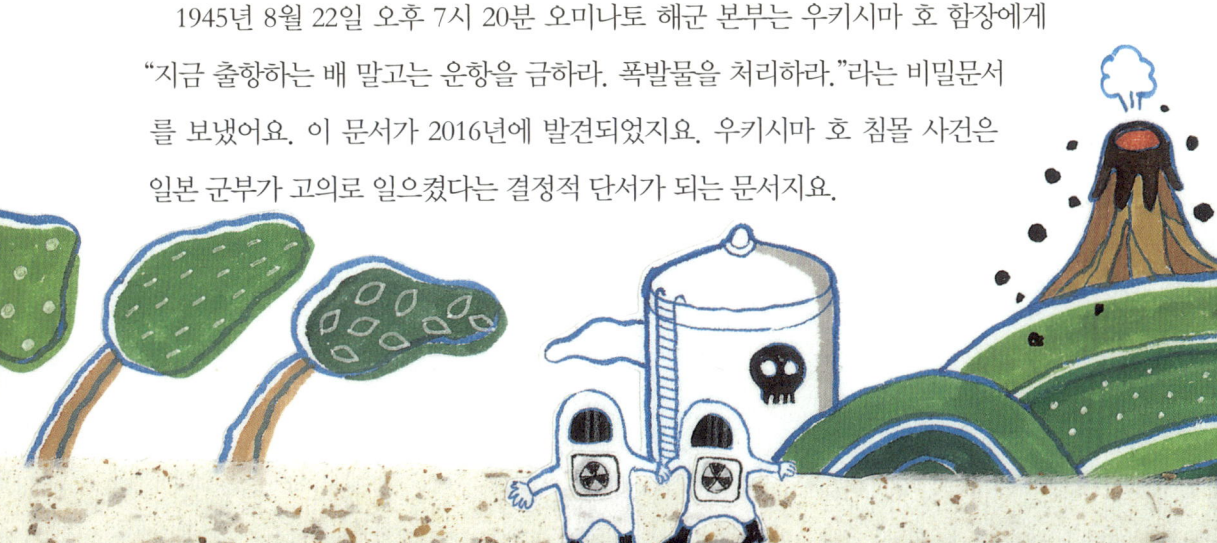

고려의 왕족인 왕씨들을 제거하기 위해 태조 이성계가 일으킨 배 침몰 사건

고려가 망하자 고려의 왕족인 개성 왕씨는 태조 이성계에게 박해를 받게 되었어요.

태조 원년(1392년) 9월, 이성계는 다음과 같은 명을 내렸어요.

"각지에 흩어져 사는 왕씨들을 불러들여 강화도와 거제도에 나누어 보내라."

그리하여 왕씨들은 가족과 종을 데리고 강화도와 거제도로 가서 살게 되었어요. 고려의 마지막 왕인 공양왕은 강원도 원주에서 간성, 간성에서 삼척으로 옮겨 살았어요.

그러던 어느 날 큰 사건이 일어났어요. 1394년 정월 정 2품인 문하부 참찬 박위가 김가행, 박중질을 소문난 점쟁이인 이흥무에게 보내 점을 치게 했는데, 이런 점괘가 나온 거예요.

"왕씨가 다시 일어납니다. 왕화, 왕거 형제의 신수가 아주 좋아요."

이성계는 삼촌인 석능과 역모를 꾸몄다고 죄를 만들어 왕화, 왕거 형제를 죽여 버렸어요.

신하들은 한목소리로 태조에게 건의했어요.

"왕씨들이 여기저기 흩어져 살고 있는데, 저들을 내버려 두면 나중에 큰 화를 입을 것입니다. 이번 기회에 모두 없애 버리는 것이 나라를 위하는 일입니다."

태조는 신하들의 건의를 받아들여 왕씨들을 모두 죽이기로 했어요. 그래서 삼척으로는 중추원 부사 정남진을 보내 공양왕과 그 아들을 죽였으며, 강화도로는 형조 전서 윤방경을 보내 왕씨들을 강화 나루에 빠뜨려 죽였어요.

그리고 거제도에는 첨절제사 심효생을 보내 왕씨들을 바다에 던져 죽게 했지요.

하지만 강화도와 거제도 말고도 여러 주현에 왕씨들이 흩어져 살고 있었어요. 태조는 신하들을 보내 이런 말로 왕씨들을 꾀었어요.

"왕씨들이 섬에서 편하게 살 수 있도록 해 주겠다. 그러니 이 기회를 놓치지 말고 우리들을 따라오너라."

왕씨들은 목숨을 건지게 되었다고 기뻐하며 바닷가로 모여들었어요. 바닷가에는 섬으로 가는 배 수십 척이 대기해 있었지요.

왕씨들이 배에 나누어 타자, 배들은 곧 바닷가를 떠났어요. 그러자 미리 준비한 대로 잠수부들이 물속으로 들어가 배의 밑창을 뚫었어요. 그리하여 배가 가라앉아 왕씨들은 떼죽음을 당하고 말았지요.

전국 각지에는 이성계의 박해를 피해 숨어 사는 왕씨들이 있었어요. 이들은 전(全)씨, 옥(玉)씨, 김씨(金)씨, 마씨(馬)씨, 전(田)씨 등으로 성을 바꾸고 숨죽이며 지냈어요. 그런데 바꾼 성에는 왕(王) 자가 모두 숨겨져 있었어요. 그 뒤 태종이 완화 정책을 펴서 왕씨들에게 자유롭게 살게 해 주었대요. 비로소 성을 되찾기는 했지만, 왕씨들은 전주 이씨 왕조에 대한 원한이 쉽게 가시지 않았어요.

이성계가 왕씨들을 바다에 빠뜨려 죽인 날 밤이었어요. 이성계의 꿈에 왕건이 나타나 호통을 쳤어요.

"네 이놈! 내가 삼국을 통일하여 이 나라 백성들에게 은혜를 입혔는데, 너는 어찌하여 죄 없는 내 자손들을 참혹하게 죽였느냐? 머지않아 너도 보복을 받

을 줄 알아라!"

 태조는 식은땀을 흘리며 잠에서 깨어났어요. 그러고는 승지를 불러 말했어요.

 "너는 〈선원록〉을 찾아 가져오너라."

 〈선원록〉은 고려 왕실 족보였어요. 이성계는 승지가 〈선원록〉을 가져오자 그 가운데 한 장을 가리키며 말했어요.

 "여기에 적혀 있는 왕씨들을 사면해 주어라."

 이성계는 '숭의전'이라는 사당도 지어, 왕씨들에게 고려 왕에 대한 제사를 지내게 했다고 해요.

 이것은 꼭 알아두세요.

세월호 사고는 왜 '인재'인가요?
미리 막을 수 있었던 사고이기 때문이에요. 20년이나 된 낡은 배인데, 정부에서 사용 기간을 20년에서 30년으로 늦춰 주어 해운 회사에서 이 배를 운항할 수 있었으며, 화물을 규정보다 1,065톤이나 초과하여 실었어요.

1912년 4월 14일, 빙산에 부딪혀 침몰한 당시 세계 최고의 호화 여객선은?
타이타닉 호

제 6 장
20만 명이 희생되고 한국인 수천 명이 학살당한 관동 대지진

    1923년 9월 1일 일본의 수도인 도쿄와 요코하마·가나가와·사이타마를 중심으로 한 관동(간토) 지방에 아침부터 비가 촉촉이 내렸어. 이 비는 오전 10시쯤이 되어서야 그쳤지. 모처럼 내린 비로 후끈 달아오른 땅을 식혀 주긴 했지만, 곧 찜통 무더위가 찾아왔단다. 그래도 사람들은 집집마다 화덕에 불을 피워 점심 식사를 준비하기 시작했어.

    그런데 시곗바늘이 오전 11시 58분을 가리킬 때였어. 갑자기 하늘이 무너지는 듯한 소리가 나더니 땅이 쩍 갈라지는 거야. 순식간에 집이 무너져 내리고 도로가 붕괴되고 다리가 끊어졌지.

    관동 지방을 강타한 것은 동경 139. 3도, 북위 35. 2도의 가나가와 현 사가미 만을 진앙지로 일어났던 진도 7.9의 지진이었어. 해안은 거대한 해일이 휩쓸었고, 도시는 수많은 건물들이 무너져 불바다가 되었지. 때마침 사람들이 점심 식사를 준비하느라 피워 놓은 불이 옮겨 붙어 화재가 일어났거든. 공교롭게도 그날 강풍이 부는 바람에 눈 깜짝할 사이에 불길이 번진 거야. 대부분이 목조 건물이었거든. 도시는 잿더미로 변했어. 지진에 따른 화재로 도쿄에서만 가옥 48만 3천 채 중에 30만 채 이상이 불에 타거나 무너졌고, 요코하마에서는 10여만 채 가운데 8만 채 이상이 피해를 입었지. 이 재난으로 불에 타 죽거나 행방불명된 사람만 해도 20만 명이 넘어, 관동 지방 인구 1천만 명 중 이재민이 310만 명에 이르렀어. 지진을 피하려고 도쿄 료고쿠의 육군 피복 공장에 모여 있던 주민 4만여 명이 한꺼번에 타 죽기도 했단다. 전기·수도·전신·전화·철도 등이 모두 붕괴되었고, 병원과 학교도 파괴되어 부상자를 치료하거나 이재민을 수용할 곳도 없었단다.

그런데 9월 1일 오후 1시쯤부터 일본에는 유언비어가 돌기 시작했어.

"한국인들이 지진의 혼란을 틈타서 폭동을 일으키고 있대. 한국인이 건물에 분필로 표를 하면 뒤따라온 한국인이 폭탄을 던진대."

"한국 옷을 입은 여자가 우물에 독약을 넣었대. 그리고 한국인들이 타지 않고 남은 집에 불을 지르고 다닌대."

그것은 터무니없는 헛소문이었어. 한국인이 가지고 다닌 것은 폭탄이 아니라 사과였으며, 건물에 분필로 표를 한 것은 청소 회사 직원이나 신문 배달원, 우유 배달원들이었어. 그리고 우물에서는 독약을 넣은 게 아니라 쌀을 씻은 것이었어. 소방 본부가 조사해 보니 대지진 이후 일어난 23건의 화재에서 방화에 의한 화재는 단 한 건도 없었어. 그런데 유언비어는 삽시간에 퍼져 관동 지방 전체를 휩쓸었지.

한국인이 일본인을 죽이려 한다는 유언비어를 퍼뜨린 것은 일본의 고위층과 경찰이었어.

일본의 내무대신 미즈노 렌타로와 경시총감 아카이케 아쓰시는 9월 1일 밤늦게까지 대지진 현장을 둘러보았어. 두 사람은 피해 지역이 생지옥과 다름없었기에 분노한 일본 군중이 폭동을 일으킬지도 모른다는 생각이 들었어. 그래서 그것을 막고 질서를 회복하려면 비상수단으로 계엄령을 선포해야 한다는 데 의견의 일치를 보았지.

하지만 계엄령을 선포하려면 그만한 구실이 필요했어. 그래서 그들은 '한국인이 폭동을 일으켰다'는 유언비어를 퍼뜨려 계엄령을 선포하고, 일본인들을 부추겨 한국인 학살에 나서게 했던 거야.

유언비어를 사실로 믿게 한 데는 일본 언론이 한몫을 했어. 〈도쿄 일일 신문〉 등 일본 신문들은 "한국인들이 건물에 불을 지르고 우물에 독을 넣을 것에 대비하여 청년과 학생들이 경찰 및 군대와 협조하여 밤새 경계를 하고 있다."라고 보도한 거야. 유언비어는 사실처럼 보도되어 9월 2일 오후에는 계엄령이 내려졌고, 분노한 일본인들은 일본도, 죽창, 곤봉, 철봉을 들고 다니며 9월 1일 저녁부터 한국인을 보이는 족족 죽이기 시작했어.

　그들의 학살 수법은 너무나 잔인했어. 그들은 흉기로 한국인들을 닥치는 대로 찔러 죽이거나 때려죽였고, 보호해 달라고 경찰서로 뛰어 들어간 사람들까지 찾아내 참혹하게 살해했어. 상해 임시정부에서 발행하는 〈독립신문〉은 비밀리에 특파원을 보내 현장 조사를 했는데, 일본에서 학살당한 한국인은 총 6,661명으로 집계했어. 가나가와 현에서 1,052명, 도쿄에서 752명, 지바 현에서 293명, 사이타마 현에서 239명이었어.

　그러나 조선 총독 사이토 마코토는 9월 6일 자 신문에서 "우리가 조사한 바로는 관동 지방에 노동자와 학생이 각 3천 명씩 살고 있는데, 6천 명 가운데 사망한 한국인은 단 두 명뿐이다."라고 주장했어. 관동 지방에는 적어도 3만 명 이상이 살고 있고 6천여 명이 목숨을 잃었는데, 그가 이런 말도 안 되는 주장을 한 데는 그만한 이유가 있었어. 그는 대학살 소식이 한반도에 전해져, 분노한 한국인들이 한꺼번에 들고일어날까 걱정되었던 거야.

장길손 박사가 이야기를 마치자 아이들은 분통을 터뜨렸습니다.

"일본 사람들이 나빠요. 계엄령을 선포하려고 '한국인이 폭동을 일으켰다.'는 유언비어를 퍼뜨려요?"

"제대로 알아보지도 않고 한국인들을 범죄자로 몰아 마구 죽여요? 어쩜 그럴 수가 있어요?"

"아무 죄도 없이 죽은 우리나라 사람들이 불쌍해요. 그들의 억울한 사정을 누가 알아줄까요? 일본 사람들이 우리나라 사람들에게 얼마나 큰 죄를 지었는지 이제 확실히 알겠어요."

장길손 박사가 말했습니다.

"당시에 일본에 있던 한국인들을 얼마나 많이 죽였는지, 한동안 일본에서 한국인의 모습을 찾아볼 수 없을 정도였다는구나. 그런 천인공노할 범죄를 저지르고도 일본 정부는 그에 대한 진상 규명은커녕 사과 한마디 안 하고 있어. 일본 정부에 책임을 물어 희생자들의 명예를 되찾아 주어야 하는데 말이야. 하지만 일본에도 양심 있는 일본인들이 있어, 사건 현장에 추모비를 세우고 해마다 9월 1일이면 추모비 앞에서 고인들의 넋을 기리는 행사를 한다는구나. 아무튼 일본에서는 금세기 최대의 지진으로 일컬어지는 큰 재난을 당하고 나서 매년 9월 1일을 '재해 방지의 날'로 지키고 있어. 이날이 되면 국민들은 언제 일어날지 모르는 지진 등의 재난에 대비해 대피 훈련을 한단다. 일본 사람들은 관동 대지진을 겪은 뒤 자기네 나라 땅이 안전한 땅이 아니라는 인식을 갖게 되었다는구나. 그래서 그 뒤부터 중국을 침략·지배하러 나서는 등 군국주의로 무장하게 되었지."

그때 창희가 끼어들었습니다.

"박사님, 말씀하시는데 끼어들어 죄송한데요. 이쯤 해서 저희들에게 옛이야기를 들려주시지 않을래요?"

"허허, 알겠다. 너희들이 원한다면 그렇게 해야지. 이번에도 짧은 이야기인데, 걱정을 잘하는 남자 이야기야."

주나라 시대 기나라에 걱정을 잘하는 남자가 살았어.

하루는 길을 가는데 불현듯 이런 생각이 들었어.

'저 하늘이 당장 무너지면 어쩌지? 그러면 나는 피하지도 못하고 깔려 죽을 텐데……'

남자는 하늘을 올려다보기가 겁이 났어. 그래서 땅만 내려다보며 걸었지.

잠시 뒤 또 이런 생각이 들었어.

'땅도 안심할 수 없어. 지금이라도 지진이 일어나서 땅이 꺼진다면 나는 흔적도 없이 사라지겠지? 아, 무서워라!'

걱정은 꼬리에 꼬리를 물고 이어졌어.

'해와 달과 별이 떨어진다면 나는 어떻게 하나? 그대로 깔려 죽어야 하나?'

남자는 집에 돌아와서도 걱정 때문에 아무것도 할 수 없었어. 밤에는 잠이 오지 않았으며, 음식이 목구멍에 넘어가지 않았어.

남자가 며칠째 집 안에 틀어박혀 있자, 친구가 찾아왔어. 친구는 남자의 형편없는 몰골을 보고, 무슨 걱정거리가 있냐고 물었지. 그러자 남자는 자신의 걱정거리를 솔직히 털어놓았단다.

"걱정거리가 겨우 그거였어? 이 친구, 쓸데없는 걱정을 하고 있었구먼.

이 사람아, 이제까지 한 번도 무너지지 않은 하늘이 왜 무너져? 하늘은 공기로 가득 찬 빈 공간일 뿐이야. 절대로 무너질 염려 없어. 그리고 땅도 마찬가지야. 땅을 파 보면 모두 흙으로 채워져 있잖아. 그런데 땅이 왜 꺼지겠어. 해와 달과 별은 또 어떻고……. 하느님이 절대 떨어지지 않게 만들었으니 안심하게."
친구의 말을 듣고서야 남자는 안도의 한숨을 내쉬었어.
"고마워. 내 걱정거리를 해결해 줘서……."

"너희들, 이 이야기를 듣고 무슨 생각이 드니? 걱정을 잘하는 남자가 '땅도 안심할 수 없다.'며 지진이 일어날 것을 걱정했는데, 과연 그것이 쓸데없는 걱정일까?"

장길손 박사가 묻자 연두가 대답했습니다.

"저는 절대 그렇게 생각하지 않아요. 중국에서도 오늘날까지 활발하게 지진이 일어나고 있잖아요. 언제 어떤 재난이 일어날지 모르기 때문에, 그 남자로서는 당연한 걱정이에요. 저도 사실 지난가을에 '경주 지진'이 일어나기 전까지는 지진에 대해 아무 걱정이 없었어요. 우리나라는 지진으로부터 안전한 곳이라고 생각했거든요. 그런데 경주에서 큰 지진이 일어나 서울에 있는 우리 집이 흔들리는 것을 느끼고 깜짝 놀랐어요. 큰 지진이 일어나면 건물이 무너져 죽을 수 있다는 생각에 너무너무 무서웠어요."

평소에 말이 없는 동배도 할 말이 많다는 듯 이야기를 쏟아 놓았습니다.

"저의 할머니 댁이 경주에 있어요. 큰 지진이 일어난 날 밤에 할머니는 집에서 저녁을 드시고 계셨대요. 그런데 갑자기 쿵! 하면서 집 전체가 흔들리고 밥상 위에 있던 음식 그릇들이 바닥에 떨어져 깨졌대요. 얼마 뒤에는 마을 이장님이 주민들에게 '마을 회관으로 대피하십시오.'라는 긴급 방송을 하시더래요. 우리 외삼촌은 고등학교 선생님인데, 지진으로 학교 건물 천장이 무너지고 벽에 금이 갔다던데요. 같은 시각에 쇼핑센터에서

장을 보던 외숙모는, 진열장이 깨지면서 선반에 있던 물건들이 와르르 쏟아져 비명을 지르며 밖으로 나왔대요."

아이들의 이야기를 들은 장길손 박사가 말했습니다.

"너희들의 이야기를 들으니 경주 지진의 충격이 컸던 모양이구나. 경주 지진은 1978년 국내 지진 관측 이래 최대 규모인 5. 8의 강진이었지. 경주에서 일어난 강한 진동이 1분도 채 되지 않아 전국으로 퍼져 나가 모든 국민들을 공포에 떨게 만들었어. 이번 지진으로 확인된 것은 우리나라가 더 이상 지진의 안전지대가 아니라는 사실이야. 일본 열도를 뒤흔들었던 2011년의 동일본 대지진★ 이후 최근 몇 년간 한반도에 지진이 잦아지고 강해졌단다. 동일본 대지진 전까지는 한반도에 큰 지진이 거의 없었는데, 동일본 대지진의 영향 때문에 그런 현상이 나타났지. 그러니까 동일본 대지진 이후 땅에 응력(땅에 작용하는 힘)이라는 큰 힘이 축적되었다가 팽창하면서 지진이 일어났던 거야.

동일본 대지진
2011년 3월 11일 14시 46분 일본 도호쿠(東北) 지방에서 발생한 일본 관측 사상 최대인 리히터 규모 9.0의 지진. 사망자와 실종자가 2만여 명, 피난 주민이 33만 명에 이른다.

지진은 지하 깊은 곳에서 단층의 움직임 때문에 일어난단다. 지각 운동으로 지층이 끊긴 곳을 단층, 단층 중에서 과거에 움직였거나 앞으로 움직일 가능성이 있는 것을 활성단층이라고 해. 활성단층이 움직이면 그동안 쌓여 있던 힘이 분출되면서 지진이 일어나지. 전체 지진의 90퍼센트 이상이 활성단층에서 일어나는데, 우리 한반도 전역에는 적어도 450

개 이상의 활성단층이 있단다. 따라서 지진은 전국 어느 곳이든 일어날 수 있는 거야. 지진 전문가들에 따르면, 앞으로 한반도에서는 최대 규모 6.5~7.0의 지진이 일어날 가능성이 있다고 해. 만약에 서울에 규모 7.0의 지진이 일어나면 수도권에서 66만 5천 명의 사상자가 나오고 건물 93만 채가 파괴된다는구나."

"헉! 무서워요. 우리는 왜 21세기 대한민국에 태어나서 지진에 대한 공포를 느껴야 할까요?"

세라는 이런 말을 하며 몸을 움츠렸습니다. 그러자 장길손 박사가 말했습니다.

"옛날에 태어났어도 지진에 대한 공포에서 벗어나지 못했을걸. 〈삼국사기〉·〈고려사〉·〈조선왕조실록〉 등의 역사책에서 지진 관련 기록을 찾아보면, 한반도에 총 2,161회의 지진이 있었어. 그 가운데는 1200여 년 전 통일신라 때인 779년 3월 경주에서 큰 지진이 일어나, 집들이 무너져 100여 명이 죽었다는 기록도 있단다."

창희가 놀라서 소리쳤습니다.

"크악! 지진은 예나 지금이나 늘 있어 왔군요. 과학이 발달한 우리 시대 사람들도 지진에 겁을 집어먹는데, 옛날 사람들은 지진을 보고 얼마나 공포에 떨었을까요? 박사님, 그들은 지진에 대해서 어떤 생각을 가졌어요?"

"질문 한번 잘했다. 옛날 사람들은 지진을 신이 일으킨다고 생각했어. 신이 노한 탓에 지진이 일어난다는 거야. 그리스 신화에 바다의 신인 포세이돈이 나오지? 포세이돈은 화가 나면 삼지창으로 바다와 육지를 흔들어 지진을 일으켰대. 그래서 '포세이돈'도 그리스말로 '대지를 뒤흔드는 자'라는 뜻이지. 그런데 또 어떤 사람들은 땅을 떠받치고 있는 동물이 지진을 일으킨다고 믿었어. 인도에서는 코끼리가 땅을 떠받치고 있다고 생각했어. 땅이 엄청 무거울 테니 코끼리가 지쳐서 고개를 숙이면 지진이 일어난다는 거야. 몽골 사람들은 커다란 개구리가 땅을 등에 짊어지고 있다고 생각했어. 개구리가 몸을 꿈틀거리면 땅이 진동한다고 여겼지.

우리나라 경상도 달성 땅에는 힘센 거인 장군에 대한 이야기가 있어. 거인 장군은 하느님의 명령으로 어깨 위에 땅을 받치고 있었어. 그런데 한쪽 어깨에 땅을 계속 받치고 있으면 엄청 무거워 어깨가 아프고 지치겠지? 그래서 거인 장군은 그때마다 어깨를 바꾸게 되는데, 그 순간 땅이 움직여 지진이 일어난다는 거야."

세라가 깔깔대고 웃었습니다.

"호호호, 이야기가 그럴듯해요. 재미도 있고요. 박사님, 관동 대지진 이야기를 들려주셨는데, 일본 사람들은 옛날에 누가 지진을 일으킨다고 생각했을까요?"

"일본 사람들은 지하 진흙 속에 사는 거대한 메기인 '나마즈'가 지진을 일으킨다고 믿었단다. 나마즈는 평상시엔 도쿄에서 100킬로미터쯤 떨어진 가시마의 신이 커다란 돌로 머리를 누르고 있어 옴짝달싹 못하고 있지. 그런데 이 가시마의 신이 다른 신들과 회의가 있어 자리를 비우면, 나마즈는 긴 수염을 움직이고 몸을 꿈틀거린다는 거야. 그때 일본에 지진이 일어난다는 거지."

"지하 진흙 속에 사는 거대한 메기가 지진을 일으킨다고요? 그 상상력이 기발하고 재미있네요. 참! 박사님, 동물들은 지진이 일어날 것을 미리 알고 있다면서요?"

연두가 갑자기 생각난 듯 이렇게 물었습니다.

"그런 이야기가 있긴 있지. 2008년 5월 12일 오후 2시 중국 쓰촨 성에서 지진이 일어났어. 진도 8.0의 대지진이었지. 그 피해는 엄청났어. 7만여 명이 죽었고 다친 사람이 37만여 명이었으며, 실종자가 1만 8천여 명이었어. 재산 피해도 1,500억 위안에 이르렀지. 쓰촨 성에 대지진이 발생하기 며칠 전에는 기이한 일이 벌어졌어. 난데없이 두꺼비 수십만 마리가 나타나더니 어디론가 급히 가더라는 거야. 아침에 학교로 가는 아이들은 두꺼비 떼 때문에 걸음을 옮길 수 없었어. 길 전체가 두꺼비들로 새까맣게 뒤덮였거든. 그뿐만이 아니었어. 사람들은 집 안에까지 뛰어드는 두꺼비들 때문에 아무 일도 할 수 없었어. 사람이 사는 집인지 두꺼비가 사는 집인지 구분이 안 갈 정도였어."

아이들이 깜짝 놀랐습니다.

"정말요? 두꺼비들이 지진이 일어날 것을 미리 알았군요?"

"내 이야기를 마저 들어 보렴. 중국 광둥 성에서는 1994년 12월 31일과 1995년 1월 10일 진도 6.1 이상의 지진이 일어난 적이 있었어. 그때도 지진이 일어나기 며칠 전에 동물들이 평소에 볼 수 없는 기이한 행동을 보였지. 갑자기 바닷속에 사는 문어들이 떼 지어 연안으로 몰려나오는가 하면, 돼지들이 미친 듯이 날뛰다가 우리 밖으로 달아났어. 그리고 닭들이 지진이 일어나기 사흘 전부터 모이를 먹지 않다가, 지진이 끝나자 모이를 다시 먹기 시작했지."

동배가 신기하다는 듯 탄성을 내질렀습니다.

"야! 동물들이 지진 예보관이네요!"

"지진이 많이 일어나는 일본에서도 지진이 일어나기 전에 동물들이 이상한 행동을 보인다고 해. 1995년 고베 대지진 때는 얌전한 개들이 마구 짖거나 미쳐 날뛰었다는구나. 2004년에는 인도네시아에 지진 해일인 쓰나미가 일어나 태국 · 스리랑카 · 인도는 물론 멀리 아프리카 동부 지역에까지 번져 총 30만 명이 죽었어. 그때 쓰나미가 일어나기 전에 동물들이 높은 산으로 피신하고, 새들이 모두 어디론가 자취를 감추었다지. 그래서 그런지 스리랑카 야생 동물 관리소에 따르면, 쓰나미로 인해 죽은 동물은 단 한 마리도 없었대. 스리랑카에서만 쓰나미로 인해 3만 명이 넘는 사람들이 목숨을 잃었는데 말이야."

창희가 고개를 갸우뚱하며 물었습니다.

"어째서 동물들은 지진이 일어나기 전에 이상한 행동을 보였을까요? 지진이 일어날 것을 미리 알고 있어서겠죠?"

장길손 박사가 대답했습니다.

"일부 과학자들은 동물들이 천재지변을 쉽게 알아차리는 능력을 갖고 있다고 주장하기도 해. 동물들은 예민한 감각을 지니고 있어, 큰 지진에 앞서 일어나는 땅울림, 지형의 변화, 발광 현상 등을 느낄 수 있다는 거지. 그래서 이러한 동물들을 '지진 예보관'으로 삼으라고 권하기도 한다는구나."

동배가 신바람이 나서 어깨를 으쓱했습니다.

"헤헤, 제 말이 맞죠? 동물들이 지진 예보관이에요!"

"글쎄, 동물들이 이상한 행동을 보인다고 해서 반드시 천재지변이 일어나는 것은 아니야. 2009년 7월에도 중국 쓰촨 성에서 두꺼비 수십만 마리가 나타났지만 대지진이 일어나지 않았거든."

"어머, 그래요? 동물들이 족집게는 아니로군요."

아이들의 얼굴에 실망의 빛이 떠올랐습니다.

"박사님, 그럼 지진이 일어날 것을 미리 알 수는 없나요? 지진이 언제 어디서 어느 정도의 규모로 일어날지 예측할 수 있다면 미리 대피하여 피해를 줄일 수 있잖아요."

세라의 질문에 장길손 박사가 고개를 끄덕였습니다.

"그야 그렇지. 하지만 수많은 과학자들이 100년 넘게 연구를 거듭해 왔음에도 불구하고 지진을 정확히 예측하지 못 했어. 지구 곳곳에서는 거의 날마다 작은 지진들이 일어나고 있어. 워낙 강하지 않고 약해서, 그것을 지진이라고 느끼지 못할 따름이지. 지구 내부에서는 날마다 1,000~5,000회의 지진이 일어나고 있단다. 이런 지진은 특정 지역에서 집중적으로 일어나고 있지. 그러한 지역을 '지진대'라고 하는데, 대표적인 지역이 환태평양 지진대야."

조용히 앉아 있던 다은이가 오랜만에 입을 열었습니다.

"박사님, 궁금한 점이 있어요. 우리가 밟고 다니는 땅은 딱딱하고 단단한데 어떻게 흔들리고 움직여요? 왜 지진이 일어나는지 자세히 설명 좀 해 주세요."

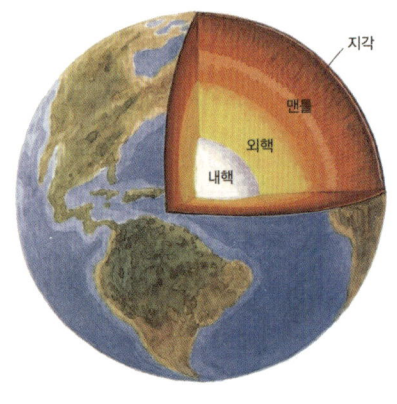

지구 내부의 구조

"우리가 밟고 다니는 땅,★ 즉 지구의 가장 바깥쪽에 있는 땅바닥이 지각이야. 땅바닥 바로 아래에 있는 것이 맨틀이고……. 지각이 딱딱하고 단단해 보여도 실제는 그렇지 않아. 압력을 받으면 흔들리고 잘 깨지지. 맨틀 위에 있는 지각은 태평양 판·북아메리카 판·남아메리카 판·아프리카 판·필리핀 판·유라시아 판 등 12개의 판★으로 나뉘어 있어. 이 판들이 맨틀 위에서 만나 서로 부딪쳐 지각이 깨져 지층이 끊어지면서, 지층이 끊긴 곳(단층)에서 지진이 일어나는 거야. 이렇게 판들이 운동하

12개 판의 분포도

고 있다고 설명하는 이론이 '판 구조론'이지. 지진이 처음 일어난 지하 지점을 '진원'이라 하고, 진원의 바로 위 지표면 부분을 '진앙'이라 한단다."
장길손 박사의 설명에 다은이의 얼굴빛이 환해졌습니다.
"아, 그렇군요. 이제야 지진이 무엇인지 머릿속에 환하게 그려져요. 박사님, 지진의 크기를 숫자로 나타내던데 정확하게 그게 뭐예요?"
"지진의 크기를 숫자로 나타내는 방법은 두 가지가 있단다. 리히터 규모와 메르칼리 진도야. 리히터 규모는 지진계★라는 기계를 이용하여 지진으로 발생한 에너지를 측정하는 거야. 1935년 미국의 지진학자 찰스 리히터가 개발한 방법인데, 가장 약한 지진은 2.0 이하이고 8.0

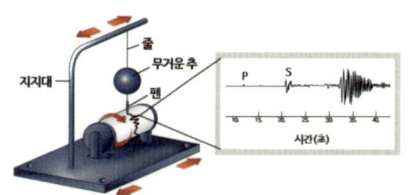

지진계와 지진계에 의해 기록된 지진파 모습

이상이 대지진이란다. 리히터 규모가 1씩 커질 때마다 지진 에너지는 30배쯤 커지지. 예를 들면, 리히터 규모 7.0인 지진은 리히터 규모 6.0인 지진에 비해 에너지가 30배나 큰 거야. 메르칼리 진도는 지진의 피해 정

도에 따라 12등급으로 나눈 거지. 1902년 이탈리아의 지진학자 주세페 메르칼리가 개발한 방법인데, 지진을 겨우 느낄 수 있는 것부터 엄청난 피해를 일으킨 것까지 지진으로 입는 피해에 따라 등급을 매기었어."

"박사님, 지진이 일어나면 어떤 피해를 입게 되나요?"

"지진이 일어나도 건물이 조금 흔들리는 정도의 가벼운 것이라면 거의 피해를 입지 않지. 문제는, 큰 진동을 일으키는 강한 지진이야. 지진이 일어나 땅이 심하게 흔들리면 건물이나 다리가 무너지고 길이 파괴되어 많은 사람들이 죽거나 다치지. 산사태·눈사태가 일어나서 마을 전체가 파묻히기도 해. 1970년 페루 지진 때는 산사태로 인해 마을 사람들이 산 채로 파묻히는 등 6만여 명이 사망했어. 지진은 일어나는 즉시 발생하는 1차 피해보다 그 뒤에 나타나는 2차 피해가 더 크단다. 관동 대지진의 예에서 볼 수 있듯이 지진에 따른 화재는 많은 사람들의 목숨을 앗아가지. 바다 밑에서 일어나는 큰 지진은 '쓰나미'라는 지진 해일을 일으켜. 쓰나미는 바닷가 근처의 지역을 덮쳐 수많은 인명과 재산 피해를 가져오지. 2004년 인도네시아에서 일어난 쓰나미가 역사상 가장 피해가 컸단다. 30만 명의 사람들이 목숨을 잃었거든."

장길손 박사의 설명이 길어질수록 창희의 얼굴 표정이 심각해졌습니다.

"지진이 그처럼 큰 피해를 준다니 겁나고 무서워요. 지진이 일어날 것을 미리 알 수는 없어도, 피해를 줄이는 방법은 찾아보면 있지 않을까요?

이를테면 지진에 견디는 건물을 짓는다든가……."
"옳지, 바로 그거야! 지진에 견디는 튼튼한 건물을 짓는 거지. 지진에서 일어나는 진동을 흡수할 수 있도록 내진 설계하여 건물을 세운다면, 지진으로 인한 피해를 줄일 수 있을 거야. 지진학을 공부한 것도 아닌데 어떻게 '내진 빌딩'을 생각해 냈니? 대단하다, 대단해."
장길손 박사가 칭찬해 주자 창희는 뻐기듯이 말했습니다.
"그 정도는 보통이에요. 제가 워낙 어려서부터 영재로 소문이 났거든요."
"흥, 무슨 영재가 초등학교에 들어가서야 한글을 떼냐? 내 입에서 폭탄이 나오기 전에 제발 잘난 체하지 말고 입 좀 다물어 줘."
창희는 세라를 쏘아보았습니다.
"너는 하나밖에 없는 오빠를 그처럼 깎아내려야 속이 시원하니? 박사님, 제 동생 좀 말려 주세요. 지진이 일어나도 위기에 빠진 오빠를 구해 주지 않고 혼자 내뺄 아이예요."
장길손 박사가 웃으며 말했습니다.
"너무 속상해하지 마라. 내가 관상을 볼 줄 아는데, 네 동생은 지진이 일어났을 때 오빠부터 구할 얼굴이야. 말이 나온 김에 지진이 일어났을 때 대피 요령을 알려 줄까?"
"예, 박사님!"
아이들이 한 목소리로 외치자 장길손 박사가 말을 이었습니다.

"지진이 일어나면 전기 차단기를 내리고 가스 밸브를 잠가야 해. 그래야 전기 감전 사고나 화재를 예방할 수 있거든. 지진의 진동은 길어야 1~2분이야. 지진이 일어났을 때는 멀리 대피하려 하지 말고 있던 장소에서 안전한 곳으로 몸을 피해. 만약에 집의 거실이나 사무실·교실 등에 있을 때는 탁자나 책상 아래로 들어가 두 손으로 몸을 보호해야 해. 집 안에는 떨어지고 깨지는 물건이 있을 수 있기 때문에 머리 부분을 보호하는 것이 중요하단다. 그리고 창문 유리창이 깨질 수 있기에 창문 쪽으로 가지 말고……. 집 안에 갇히지 않도록 현관문·방문 등을 열어 놓는 것도 중요해. 그럼 집 밖에 있을 때는 어떻게 해야 할까? 번화가나 빌딩가에 있을 때는 가장 위험한 것이 창문 유리창이나 간판이야. 떨어지는 것에 대비해 가방 등으로 머리를 가린 채 신속하게 몸을 피해야 한다. 위에서 떨어지거나 무너진 것이 없는 탁 트인 공터가 안전하단다."

"그렇군요. 지진에 대해 많은 것을 알려 주셔서 감사해요. 우리나라에도 언제 큰 지진이 일어날지 모르기 때문에, 지진이 일어났을 때 대피 요령은 반드시 알아두어야겠지요?"

창희는 이렇게 말하며 장길손 박사가 들려준 내용을 노트에 옮겨 적었습니다.

통일 신라 시대에 경주 지진으로 100여 명이 죽었다?

우리나라도 옛날에는 지진이 자주 일어났어요. 〈삼국사기〉·〈고려사〉·〈조선왕조실록〉·〈증보문헌비고〉·〈승정원일기〉·〈일성록〉 등 우리나라 역사책에 실린 지진 관련 기록만 해도 2,161건에 이르러요.

〈삼국사기〉에 나오는 최초의 지진 기록은 신라 제3대 유리왕 때의 것이에요. 유리왕 11년(34년) "서울에서 땅이 갈라지고 물이 솟아 나왔다."라고 적혀 있어요. 〈삼국사기〉에는 신라의 지진 기록만 50건이 넘어요. 그중에서도 많은 비중을 차지하는 것이 신라 경주에서 일어난 지진이에요. 통일 신라 때인 혜공왕 15년(779년) 3월 경주에서 큰 지진이 일어나 집들이 무너져 100여 명이 죽었답니다. 기림왕 7년(304년) 9월에도 경주 지진으로 집이 무너져 죽은 사람이 있었다는 기록이 있어요. 이런 인명 피해라면 당시 지진이 진도 6.1 이상이었을 거라고 추정되고 있어요.

경주 지진은 고려 시대에도 일어났어요. 현종 3년(1012년) 3월과 12월, 이듬해 2월에 경주에서 지진이 발생했어요. 정종 때에도 경주에서 사흘 동안 지진이 일어나 많은 집들이 무너졌어요.

조선 시대에는 중종 13년(1518년) 7월 2일에 서울에서 큰 지진이 일어났어요. 〈조선왕조실록〉에는 당시의 상황을 이렇게 기록했어요.

유시(오후 6시)에 서울에서 큰 지진이 세 번 있었다. 그 소리가 마치 성난

우레 같아서 사람과 말이 모두 피했다. 담장이 무너져 서울 사람들이 많이 놀라 어찌할 바를 몰랐다. 밤새도록 노숙하며 제 집으로 돌아가지 못하니, 노인들은 전에 없던 일이라고 입을 모아 말했다.

태조 1년(1392년)부터 철종 15년(1863년)까지 〈조선왕조실록〉에 실린 지진 기록은 1,967건에 이르러요. 우리나라는 조선 시대에 지진이 많았음을 알 수 있지요.

유럽 최대의 자연재해, 리스본 대지진

리스본은 활발한 해외 무역으로 최고의 전성기를 누리던 18세기 포르투갈 왕국의 수도이자 유럽 최고의 항구 도시였어요. 또한 전체 인구 25만 명 가운데 10퍼센트가 수도사였을 만큼 많은 교회와 수도원을 두고 있는 도시로도 유명했지요.

1755년 11월 1일은 가톨릭의 모든 성인을 기리는 만성절이었어요. 이 축일을 지내려고 리스본 시민들은 아침부터 리스본 동쪽 끝에 있는 상 빈센트 데 포라 성당으로 모여들었어요. 얼마나 많은 신도들이 찾아왔는지 성당 안은 물론, 교회 앞 광장까지 발 디딜 틈이 없을 만큼 많은 사람들로 가득 차 있었어요.

미사가 시작되어 성가대가 찬양을 하던 오전 9시 40분쯤이었어요. 갑자기 교회 건물 전체가 흔들리는가 싶더니 땅이 솟구쳤어요. 촛불들이 쓰러지고, 돌과 대리석으로 지어진 건물에서 대리석이 비 오듯 쏟아졌어요. 리스본에 무시무시한 큰 지진이 찾아온 것이에요.

진동은 세 차례에 걸쳐 25분 동안 지속되었고, 리스본의 건물 2만 채 가운데 1만 7천 채를 무너뜨렸어요. 게다가 교회 촛불들이 쓰러지며 불이 붙어 거대한 화재가 일어났어요. 이 화재로 인해 새로 건립된 오페라 극장과 히베이라 왕궁 등이 잿더미가 되었어요.

　그러나 재앙은 그것으로 끝나지 않았어요. 아비규환 속에서 살아남은 사람들은 탕구스 강으로 달려갔는데, 갑자기 강물이 산처럼 솟아오르더니 사람들을 쓸어갔어요. 지진 발생 40분 만에 쓰나미가 덮친 것이에요. 높이가 15미터에 이르는 거대한 물살은 도시로 밀려들었어요. 그리하여 도시의 모든 것을 쓸어갔지요.

　리스본은 지진과 화재와 쓰나미로 화려했던 도시가 처참하게 파괴되었어요. 리스본 인구 25만 명 가운데 적게는 1만 5천 명에서 많게는 10만 명이 목숨을 잃은 유럽 최대의 자연재해였어요.

　이런 폐허의 도시를 몇 년 만에 재건하여 그전보다 훌륭한 도시로 만든 것은 총리로 임명된 폼발 후작이었어요. 그는 '죽은 자는 묻고 산 자는 치료한다.'는 것을 모토로 하여 복구 작업에 뛰어들어 리스본을 유럽에서 가장 아름다운 도시로 건설했어요.

　폼발 후작은 세계 최초로 지진에 관한 과학적 조사도 벌였어요. 포르투갈의 모든 교구에 지진의 시간대와 방향, 지진과 여진의 횟수, 사망자 수, 화재가 지속된 시간, 건물의 피해 등을 묻는 질문서를 보냈어요. 이 질문서와 답변서는 현재 리스본의 국립 문서 보관소에 소장되어 있어요. 이런 자료 덕분에 후세의 과학자

들은 리스본 대지진을 현대의 과학적 방식으로 연구할 수 있었지요. 그래서 오늘날에는 폼발 후작을 '근대 지진학의 선구자'로 평가한답니다.

 **이것은 꼭 알아두세요.**

한반도가 지진 안전지대가 아닌 이유는?
한반도 전역에 적어도 450개 이상의 활성단층이 있기 때문이에요.

옛날에도 우리나라에 지진이 일어난 적이 있나요?
〈삼국사기〉·〈고려사〉·〈조선왕조실록〉 등의 역사책에서 지진 관련 기록을 찾아보면, 한반도에 총 2,161회의 지진이 있었어요. 그 가운데는 1200여 년 전 통일신라 때인 779년 3월 경주에서 큰 지진이 일어나, 집들이 무너져 100여 명이 죽었다는 기록이 있어요.

지진이 일어났을 때 대피 요령을 알아보아요.
전기 차단기를 내리고 가스 밸브를 잠가요. 현관문·방문 등을 열어 놓고 탁자나 책상 아래와 같은 안전한 곳으로 들어가 두 손으로 몸을 보호해요. 집 밖에 있을 때는 간판 등이 떨어지는 것에 대비해 가방 등으로 머리를 가린 채 신속하게 탁 트인 공터 같은 곳으로 피해요.

제 7 장
공포의 보팔 가스 누출 사고와 체르노빌 원전 사고

"너희들에게 재난은 자연 재난과 인적 재난이 있다고 했지? 화산 폭발·지진·태풍·홍수·가뭄·기근 등이 자연 재난이라면 화재·붕괴·폭발·교통사고·화생방 사고·환경오염 사고 등은 인적 재난이야. 이번 시간에는 20세기 최악의 화생방 사고로 꼽히는 보팔 가스 누출 사고와 체르노빌 원전 사고에 대해 알아볼게. 보팔 가스 누출 사고는 화학 약품 공장에서 유독 가스가 누출되어 몇 시간 만에 2천여 명이 목숨을 잃은 사건이야. 그리고 체르노빌 원전 사고는 원자력 발전소에서 방사능이 누출되어 방사능 피폭으로 5년 안에 7천여 명이 죽고 70여만 명이 치료를 받아야 했던 사건이지. 이 두 사건은 '역사상 최악의 산업 재해', '인류 최대의 환경 재앙'이라고 불릴 정도로 전 세계를 공포에 떨게 했던 대참사였단다."

"20세기에 그처럼 무시무시한 사건이 있었군요. 저는 전혀 몰랐어요."

장길손 박사의 이야기에 귀를 기울이고 있던 연두가 처음 듣는 이야기라며 관심을 보였습니다.

"모르는 게 당연하지. 너희들이 태어나기 한참 전에 있었던 사건이니까. 보팔 가스 누출 사고는 1984년, 체르노빌 원전 사고는 1986년에 일어났거든. 먼저 너희들에게 보팔 가스 누출 사고에 대한 이야기를 들려줄게."

장길손 박사는 초롱초롱한 눈빛으로 자기를 쳐다보는 아이들을 죽 둘러보더니 천천히 입을 열었습니다.

1984년 12월 3일 새벽 2~3시쯤이었어. 인도 보팔 시에 사는 주민들은 깊은 잠에 빠져 있다가 하나 둘 깨어났어. 갑자기 눈이 아프고, 폐에 불이 붙은 듯 심한 통증을 느낀 거야. 숨쉬기조차 어려웠지.

주민들은 급히 병원으로 실려 왔어. 하지만 병원에 도착하기도 전에 숨진 사람이 한둘이 아니었어. 그날을 넘기지 못하고 싸늘한 시신으로 변한 사람이 2천여 명에 이르렀지.

병원마다 응급 환자들로 가득했어. 수용 시설이 없어 환자들을 정원 벤치에서 치료할 정도였어.

보팔 시 인구 75만 명 가운데 사고 이후 사흘 동안 1만 명이 숨지고, 후유증으로 인해 1994년까지 2만 5천여 명이 죽었으니 보팔 시는 하루아침에 죽음의 도시로 변한 거야.

약 60만 명이 부상을 당해 오늘날까지 암·호흡 곤란·실명·폐결핵·피부 질환·정신 질환 등 온갖 병에 시달리며 살고 있단다.

보팔 시에는 미국계 다국적 기업인 유니언카바이드의 화학 약품 공장★이 있었어. 이 공장에서는 농약과 살충제를 만들었지. 그런데 12월 3일 새벽 0시 30분쯤 농약과 살충제를 만드는 데 쓰이는 메틸 이소시안산의 저장 탱크에 균열이 생긴 거야.

가스 누출 사고가 난 유니언 카바이드의 화학 약품 공장의 모습

메틸 이소시안산은 제1차 세계 대전 때 독가스로 쓰인 포스겐과 시안화가스가 섞인 맹독성 가스야. 이 유독 가스 42톤이 탱크에서 누출되어 보팔 시내로 퍼져 나간 것이지.

사고의 원인은 안전 관리 소홀이었어. 메틸 이소시안산의 저장 탱크는 항상 높은 압력과 저온 상태를 유지해야 해. 온도가 올라가면 탱크가 폭발할 위험이 있거든. 그래서 저장 탱크에 냉각 장치를 설치해 놓는데, 공장에서 하루 전기세 40달러를 아끼려고 냉각 장치를 꺼 놓았던 거야. 그 바람에 온도가 올라가 탱크 밸브가 터져 유독 가스가 새어 나온 거지.

저장 탱크에는 가스 누출을 막기 위한 안전장치가 설치되어 있었어. 그런데 유지·보수 불량으로 제때 작동하지 않아 가스 누출을 막지 못했단다. 이렇듯 보팔 가스 누출 사고는 안전 수칙을 지키지 않고 안전 관리를 소홀히 하여 대참사를 불러왔던 거야.

또 다른 문제는, 위험한 화학 약품 공장을 인구가 몰려 있는 도시 빈민가 한가운데에 세웠다는 점이야. 안전 대책도 없이 그런 곳에서 공장을 운영했으니 인명 피해가 클 수밖에 없었지.

1970년대 이후 미국·유럽·일본 등의 다국적 기업들은 공장을 아시아·아프리카 등지로 옮겼어. 미국·유럽·일본 등의 선진국들은 환경적으로 유해한 산업에 대해 엄격한 공해 방지 시설과 안전 관리 시설을 요구하는 등 법적 규제를 강화했거든. 그에 비해 아시아·아프리카 등의 나라들은 법적 규제가 약해 다국적 기업들이 공장을 이곳으로 옮기게 된 거지. 미국계 다국적 기업인 유니언카바이드가 인도의 보팔 시에 화학 약품 공장을 세운 것도 이런 이유 때문이란다.

보팔 가스 누출 사고는 엄청난 인명 피해를 불러왔을 뿐 아니라 자연 생태계를 훼손시켰어. 사고 다음 날 보팔 시내에는 유독 가스에 중독되어 죽은 동물로 가득했어. 주민들은 이 동물들의 사체를 모아 불로 태워야 했지. 이 사고는 땅과 지하수를 오염시켰어. 보팔 시민들이 마시는 물에는 수은·중금속 등 12가지 유독 물질이 들어 있다는구나.

"왜 보팔 가스 누출 사고를 '역사상 최악의 산업 재해', '인류 최대의 환경 재앙'이라고 불렀는지 확실히 알겠어요. 화학 약품 공장의 안전 관리 소홀이 그처럼 큰 재앙을 불러일으키다니 정말 끔찍해요."

창희는 이런 말을 하며 이맛살을 찌푸렸습니다.

장길손 박사가 말했습니다.

"이런 사고가 되풀이되지 않으려면 안전 대책과 안전 관리를 철저히 해야겠지. 체르노빌 원전 사고 역시 우리에게 그런 교훈을 주고 있단다. 체르노빌 원전 사고는 1986년 4월 26일 우크라이나의 체르노빌 원자력 발전소에서 발생한 최악의 폭발 사고야."

장길손 박사는 숨 돌릴 틈도 없이 아이들을 이야기의 숲으로 이끌어 갔습니다.

체르노빌 원자력 발전소는 구소련, 소비에트 연방 시기인 1977년 원자로 1호기와 2호기로 운전되기 시작했어. 1983년까지 원자로 3호기와 4호기가 만들어져, 4기의 원자로를 갖춘 원자력 발전소가 되었지. 이 원자력 발전소는 원자력을 이용해 값싼 전기를 많이 만들어낼 수 있어, 첨단 과학을 지향하는 구소련의 큰 자랑거리 가운데 하나였단다.

체르노빌 원자력 발전소는 구소련 우크라이나 공화국의 수도 키예프에서 북쪽으로 100킬로미터쯤 떨어진 곳에 있었어. 이 발전소 안에는 원자로 1~4호기 운전 요원 176명과 건설 중인 5~6호기 작업자 268명 등이 근무하고 있었지.

체르노빌 원전 사고는 1986년 4월 26일 토요일 새벽 1시 24분에 일어났어. 원자로 4호기가 갑자기 폭발한 거야. 이 사고는 경험이 부족했던 운전 요원들이 원자로 가동을 중단한 뒤에도 관성의 법칙에 따라 원자로 터빈이 얼마나 더 돌아가고, 전기는 얼마나 더 만들어낼 수 있는지 실험하던 중에 발생했어. 실수로 비상 냉각 시스템을 중단하여 원자로가 급속히 과열되었고, 마침내 폭발로 이어졌지. 이 폭발로 원자로 지붕이 날아가, 많은 양의 방사능 물질이 외부로 쏟아져 나온 거야.

이 방사능 물질들은 제2차 세계 대전 때 일본 히로시마에 투하된 원자 폭탄보다 500배 이상 많은 것이었어. 이 물질들은 1킬로미터 상공까지 올라가 바람을 타고, 유럽 전역은 물론 북부 아프리카까지 뒤덮었단다. 그리하여 방사능 물질들은 이 나라들의 생태계를 오염시켜 농작물·낙농 제품 등은 폐기 처분해야 했지.

가장 심각한 피해 지역은 체르노빌 근처에 있는 우크라이나, 벨라루스, 러시아 등이었어. 방사능 물질이 이 지역들에 널리 퍼져 넓은 땅이 방사능에 오염되었던 거야. 원전 폭발과 그에 따른 화재로 발전소 운전 요원·소방대원 등 처음에 사망한 사람은 56명이었지만 그것은 시작에 불과했어. 1986년부터 1987년까지 원자력 발전소 해체 작업에 동원된 노동자 22만 6천 명 가운데 2만 6천 명이 방사능 피폭으로 목숨을 잃었단다.

방사능 피폭이 무서운 것은, 사람이 방사능에 오염되면 정상적인 세포가 파괴되거나 돌연변이를 일으켜 암·백혈병 등 온갖 질병으로 죽음을 맞이하게 되기 때문이야. 그리고 후손들에게 영향을 미쳐 팔다리가 없거나 암·백혈병·정신 장애 등 선천성 질병을 가진 아기가 태어나기도 해.

체르노빌 원전 사고가 발생했을 때 발전소 인근 지역에 사는 주민 11만 6천여 명을 강제로 다른 지역으로 이주시켰어. 그러나 이때는 이미 주민 대부분이 방사능 피폭이 된 뒤였지. 사고 이후 10년 안에 방사능 피폭으로 목숨을 잃은 사람은 1만여 명인 것으로 추정되고 있어. 유럽 전체가 방사능 물질로 오염되어 있어, 전문가들은 장차 그에 따른 각종 불치병 환자가 수백만 명 이상 나타날 것이라 전망하고 있단다.

장길손 박사가 이야기를 마치자 세라가 겁에 질린 목소리로 말했습니다.
"저승사자가 따로 없네요. 방사능 피폭이 그렇게 많은 사람들을 하늘나라로 보내다니요."
"앞에서도 이야기했지만 방사능 피폭이 무서운 것은 방사능이 우리 몸에 들어와서 정상적인 세포를 파괴하고 암·백혈병 같은 불치병을 불러오기 때문이야. 일본 히로시마에 원자 폭탄이 터졌을 때 7만여 명이 현장에서 죽었지만, 방사능 피폭에 따른 후유증으로 그 뒤 25만여 명이나 목숨을 잃었단다."
"박사님, 체르노빌 원전 사고로 많은 사람들이 죽었지만, 원자력 발전소도 안전하게 관리하면 사람들에게 이롭지 않나요?"

다은이의 말에 장길손 박사가 고개를 끄덕였습니다.

"그야 물론이지. 원자력 발전은 원자력을 활용하여 전기를 생산하는 거야. 원자가 핵분열을 일으킬 때 나오는 에너지를 사용해 전기를 만드는 거지. 석탄과 석유 같은 화석 연료에 비해 환경오염이 적어서 미래의 에너지로 각광을 받고 있단다. 특히 우라늄 1킬로그램으로 석탄 3천 톤, 석유 9천 드럼에 해당하는 에너지를 얻으니 값도 싸고 아주 경제적이야. 우리나라에서는 총 발전량의 절반 이상을 원자력 발전으로 충당하고 있지. 원자력 발전의 단점이라면, 원자로에서 나오는 방사능 폐기물을 안전하게 처리하지 않으면 체르노빌 원전 사고와 같은 엄청난 재앙이 올 수 있다는 거야. 이런 점 때문에 원자력 발전의 위험성을 지적하고 원자력에 반대하는 사람들도 있어. 어쨌든 원자력 발전소는 이중 삼중의 안전장치를 마련하여 안전하게 관리해야 하겠지?"

잠자코 듣고 있던 동배가 질문을 던졌습니다.

"만약에 체르노빌 원전 사고와 같은 원자력 발전소 사고가 발생한다면 어떻게 해야 하죠?"

"좋은 질문이다. 사고가 발생한 원자력 발전소 가까이에 사는 주민들은 시간을 지체하지 말고 지하 대피소로 몸을 피해야 한다. 정부의 명령을 기다려 방송에서 알려 주는 대로 탈출하기에는 너무 늦을 수 있거든. 그리고 방사능 피폭이 될 수 있기 때문에 비나 눈이 온다면 절대로 맞아서는 안 돼. 또한 대피하려고 나섰는데 마땅한 대피소가 없다면 사고가 발생한 원자력 발전소 반대 방향으로 눈·귀·코를 막고 엎드려야 한다."

"대피를 못해 집안에 있을 때는 어떻게 해야 하죠?"

"집의 창문을 모두 닫아 외부 공기가 들어오지 못하게 해야지. 공기 중에 방사능 피폭이 될 수 있거든. 그리고 공기 중에 노출된 음식물은 먹지 말고 TV·라디오·인터넷 등으로 현재 상황을 파악해야 한다."

"그렇군요. 처음에 보팔 가스 누출 사고에 대해 알아보았는데, 유독 가스 누출 사고 때는 어떻게 해야 하죠?"

"유독 가스 누출 사고가 발생하면 가까운 화생방 대피소 등 우선 안전한 지역으로 대피해야 해. 사고 지점 위에 있으면 바람이 불어오는 방향으로 대피하고, 사고 지점 아래에 있으면 바람이 불어오는 직각 방향으로 대피해야지. 대피할 때는 방독면을 써야 해. 방독면이 없으면 마스크·물수건·비닐 등을 이용하여 호흡기 및 피부를 보호하고……. 만약에 건물 안으로 대피했으면 창문·환기구 등을 닫아야 한단다. 실내에 외부 오염된 공기가 들어오지 못하도록……."

"유독 가스를 마셨을 경우에는 어떻게 하죠?"

"유독 가스를 마신 환자는 먼저 통풍이 잘 되는 안전한 장소로 옮겨야 해. 보온을 유지하고, 필요시에는 인공호흡을 하고 병원으로 데려가야 해."

동배는 자신의 궁금증을 풀기 위해 계속 질문을 던졌습니다. 그때마다 장길손 박사는 친절하게 대답해 주었습니다.

그렇게 진지하게 수업하느라 '어린이 재난 교실' 둘째 날도 정해진 두 시간을 훌쩍 넘기고 말았습니다.

동배의 마지막 질문에 답한 뒤 장길손 박사가 말했습니다.

"오늘 수업은 이것으로 마치겠어. 내일은 전 세계를 경악시킨 9·11 테러 사건과, 우리나라 전역을 휩쓸고 간 을축년 대홍수, 여몽 연합군의 일본 정벌과 태풍 가미카제 이야기를 들려주마."

창희는 오늘도 어제처럼 두 시간이 어떻게 지나갔는지 몰랐습니다. 들으면 들을수록 재미있고 흥미로웠습니다.

'내일도 박사님이 재미있는 이야기를 들려주시겠지? 벌써부터 내일이 기다려지는걸.'

창희는 설레는 마음으로 교실 문을 나섰습니다.

벨기에의 수도 브뤼셀을 폭파 위기에서 구해 오줌싸개 동상이 세워졌다?

벨기에의 수도 브뤼셀에는 오줌싸개 동상이 있어요. 벌거숭이 아이가 빙그레 웃으며 오줌을 누는 모습이지요. 이 동상은 브뤼셀 시청 왼쪽에 있는 에티브 거리에 있어요. 브뤼셀을 찾는 관광객들은 반드시 둘러보고 가는 세계적인 명물이 되었지요. 오줌싸개 동상*에는 오줌이 뿜어져 나오는데, 실은 그것이 오줌이 아니라 물이에요. 명절이나 축제일에는 물 대신 맥주를 나오게 해, 관광객들은 입을 벌려 즐겁게 받아 마시기도 하지요. 이 오줌싸개 동상

오줌싸개 동상

은 어떻게 해서 세워지게 되었을까요? 그에 대해서는 몇 가지 이야기가 전해 내려오고 있어요.

8세기쯤 브뤼셀을 다스리던 어떤 영주가 있었는데 결혼한 지 몇 년 되었지만 아들을 낳지 못했어요. 그래서 주교에게 아들을 얻도록 하느님께 기도해 달라고 부탁했지요. 하느님이 그 기도를 들어주셨는지 영주의 부인이 곧 임신을 하여 아들을 낳았어요. 아기는 세상에 태어나자마자 허공을 향해 오줌을 누었어요. 오줌 줄기는 힘차게 하늘로 치솟았지요. 사람들은 이 모습을 보고 감탄하며 이 아기를 '오줌싸개 소년'이라고 불렀어요. 영주도 아기가 오줌 누는 모습을 흐뭇하게 지켜보더니 그 기념으로 오줌싸개 조각상을 세웠다는군요.

또 다른 전설은 스페인 군대의 브뤼셀 함락 때 오줌싸개 동상이 만들어졌다는 것이에요. 스페인 군대는 철수하기 전에 화약을 설치하여 브뤼셀

전체를 폭파시키려고 했어요. 그때 한 소년이 타들어가는 도화선에 오줌을 누어 불을 끈 거예요. 시민들은 감격해하며 브뤼셀을 구한 소년을 '브뤼셀 최고의 시민'으로 선정하고 그를 위해 오줌싸개 동상을 만들었지요.

또한 이런 전설도 전해지고 있어요. 브뤼셀에 프랑스군이 쳐들어왔을 때, 한 소년이 적군을 향해 야유하듯이 오줌을 쌌다는 거예요. 시민들은 이 소년을 '애국 소년'이라 부르며 그를 기리기 위해 오줌싸개 동상을 만들었다고요.

프랑스는 18세기에 오줌싸개 동상을 빼앗아갔다가 돌려준 적이 있었어요. 이때 프랑스 왕 루이 15세는 사과의 뜻으로 오줌싸개에게 입힐 금으로 만든 옷을 선물했지요. 그 뒤부터 이 오줌싸개 동상은 세계 곳곳으로부터 옷 선물을 받아, 현재 시립 박물관에는 700벌이 넘는 옷이 보관·전시되어 있다고 해요.

나는 브뤼셀 최고의 시민

부실 공사와 안전 불감증이 낳은 대참사, 와우 아파트 붕괴 사고 *

1970년 4월 8일 새벽 6시 20분쯤이었어요. 서울시 마포구 창전동 와우산 자락에 지어진 와우 아파트 열여섯 동 가운데 한 동이 와르르 무너졌어요. 연면적 330평 5층 건물로 15동이었어요. 이 붕괴 사고로 33명이 깔려 죽고 41명이 중경상을 입었어요.

부실 공사로 붕괴된 와우 아파트

이 아파트는 지은 지 넉 달도 채 되지 않았어요. 한겨울에 완공되어 3월이 되어서야 입주를 시작했는데, 전체 30가구 중에 15가구가 먼저 들어왔다가 그런 변을 당한 것이에요.

붕괴 사고가 일어나기 얼마 전, 14·15동 입주 주민들은 벽면 곳곳에 금이 가 있는 것을 발견하고 구청에 신고했어요. 하지만 구청 직원들은 14동 주민만을 대피시키고, 15동은 크게 이상이 없다며 주민들을 그대로 살게 했어요. 정부 당국이 안전 진단을 제대로 하고 주민들을 미리 대피시켰으면 인명 피해를 막을 수 있었을 거예요. 결국 정부 당국의 안전 불감증과 안이한 대처가 사고를 불러왔다고 할 수 있겠지요.

사고가 난 뒤에야 와우 아파트가 부실 공사로 지어졌다는 사실이 밝혀졌어요. 기둥 한 개에 철근 70개를 넣어야 하는데 겨우 5개를 넣었고, 콘크리트 배합 시 시멘트 대신 모래가 대부분이었어요. 이때 들어가는 물도 한 지게 30~40원인 물 값을 아끼느라 구정물을 사용했어요. 또한 지형에 맞게 새로 설계하지 않고 다른 아파트 설계도를 그대로 이용했어요.

   이렇게 날림 공사를 했던 것은 공사비가 시세의 절반에도 못 미치는 평당 1만 원에 불과했기 때문이에요. 공사 경험이 없는 업체가 계약을 따내 싼 값에 무허가 업체에게 공사를 맡겼고, 그 결과 대참사로 이어졌지요.

   무너진 와우 아파트는 부실 공사의 대명사가 되었어요. 그 뒤 부실 공사와 안전 불감증은 수많은 대형 붕괴 사고를 낳았고, 1990년대에 와서는 성수대교와 삼풍 백화점이 무너져 우리나라는 '사고 공화국'이라는 오명까지 뒤집어썼답니다.

이것은 꼭 알아두세요.

역사상 최악의 산업 재해, 인류 최대의 환경 재앙이라고 불리는 보팔 가스 누출 사고와 체르노빌 원전 사고의 원인은?
안전 관리 소홀

원자력 발전소 사고가 발생한다면 어떻게 해야 하나요?
집안에 있을 때는 창문을 모두 닫고 공기 중에 노출된 음식물은 먹지 말며, TV · 라디오 · 인터넷 등으로 현재 상황을 파악해요. 집 밖에 있을 때는 우선 사고가 발생한 원자력 발전소 반대 방향으로 눈 · 귀 · 코를 막고 엎드려요. 그리고 비나 눈을 맞지 말고 지하 대피소로 피해요.

제 8 장

전 세계를 경악시킨 9·11 테러 사건

다음 날 아침, 잠에서 깬 창희는 휴대폰을 들여다보고 기절할 듯이 놀랐습니다.

"앗, 9시 40분이다! 늦었다, 지각이야!"

늦잠을 잔 창희는 허둥지둥 일어나 방에서 나왔습니다. 세라는 이미 도서관에 가고 없었습니다. 창희는 세수도 하지 않고 서둘러 옷을 입으며 투덜거렸습니다.

"엄마, 왜 나를 깨우지 않았어? 세라는 의리도 없이 혼자 도서관에 갔네."

엄마가 말했습니다.

"네가 유치원생이니? 일어나라 해야 일어나고……. 도서관에 갈 줄 알았으면 늦게까지 텔레비전 보지 말고 일찍 잠자리에 들었어야지."

"엄마, 미워!"

창희는 엄마에게 쏘아붙이고는 얼른 집에서 나왔습니다.

'엄마는 너무해. 아들 생각은 안 하고 언제나 자기 맘대로야. 그러고 보니까 세라가 엄마를 닮았네. 어제 아이들 앞에서 내게 망신이나 주고……. 싫은 소리 했다고 나한테 삐져서 혼자 도서관으로 내빼?'

창희는 생각하면 할수록 세라가 괘씸했습니다.

창희는 책가방을 부둥켜안고 도서관을 향해 쏜살같이 달려갔습니다. 도서관에 도착하니 다행히도 10시 정각이었습니다.

"안녕하세요."

창희는 장길손 박사에게 인사를 하고 제자리를 찾아가서 앉았습니다. 그리고 세라를 노려보았습니다. 세라는 창희와 눈이 마주치자 '메롱!' 하고 혀를 내밀었습니다.

'요게 그냥…….'

창희는 세라에게 알밤을 한 대 먹이고 싶었습니다.

그때 장길손 박사가 입을 열었습니다.

"어제 예고한 대로 오늘은 먼저 9·11 테러 사건에 대해 알아볼까? 그전에 한 가지 물어보고 싶은 게 있는데, 여러분은 테러를 무엇이라고 생각하니?"

뜻밖의 질문에 아이들은 서로 얼굴을 보았습니다.
"글쎄요. 테러리스트가 하는 일이 테러 아닌가요?"
연두가 이렇게 말하자 장길손 박사가 얼굴에 웃음을 지었습니다.

"허허, 그렇지. 그럼 질문을 다시 해 볼까? 테러리스트가 하는 테러를 무엇이라고 생각하니?"

"……."

아이들은 한동안 침묵을 지켰는데, 그 침묵을 깨뜨린 것은 세라였습니다.

"사람을 폭행하고 죽이는 거요."

"그래, 비슷하게 맞혔다. 테러가 무엇인지 국어사전을 찾아보면, '폭력을 써서 적이나 상대편을 위협하거나 공포에 빠뜨리게 하는 행위'라고 되어 있단다. 원래 테러라는 말은 라틴말로 '공포'를 뜻해. 그리고 테러리즘은 18세기 프랑스혁명 때 공화파가 집권을 위해 왕당파를 무자비하게 처형했던 '공포 정치'에서 비롯되었지. 오늘날에는 테러라고 하면 테러리즘을 뜻해. 그러니까 정치적인 목적으로 공포를 조성하기 위해 폭력을 쓰는 것이 테러야. 오늘날 테러 공격은 폭탄 공격, 항공기 납치, 인질 납치 등의 세 가지 형태가 있단다. 조직적으로 폭력을 사용함으로써 사람들에게 공포를 일으키게 하는 거지."

그때 연두가 끼어들었습니다.

"텔레비전 뉴스에서 보았어요. 프랑스 파리의 축구 경기장이나 공연장에서 자살 폭탄 테러를 하여 테러범도 죽고 시민들도 죽는 걸요. 테러범은 왜 자기 목숨을 버리면서까지 폭탄 공격을 하는 거죠?"

장길손 박사가 대답했습니다.

"2015년 11월 13일 프랑스 파리의 축구 경기장·공연장·식당 등 일곱 군데에서 연쇄 테러를 벌인 것은 'IS'라는 이슬람권의 테러 조직이야. 이슬람 국가는 외국인 포로들의 목을 베어 죽이고 그 장면을 찍은 영상을 공개하는 등, 전 세계를 공포로 몰아넣는 잔혹한 테러 조직으로 악명을 떨치고 있지. 그 이전에는 '알 카에다'라는 테러 조직이 9·11 테러 사건을 일으켜 전 세계를 경악시켰단다.

이슬람권에 테러 단체가 생겨난 것은 1967년 이스라엘이 일으킨 6일 전쟁 이후야. 중동 국가들이 이스라엘에게 크게 패하자, 아랍 사람들은 이스라엘과 군사적으로 맞서 싸워서는 이길 수 없다는 사실을 깨달았어. 그래서 그들은 팔레스타인을 회복하기 위해 팔레스타인 사람들을 중심으로 테러 단체들을 만들었어. 그리하여 폭탄 공격, 항공기 납치, 인질 납치 등의 테러를 통해 이스라엘에 맞서 싸우기 시작했던 거야.

자살 폭탄 테러는 1980년대부터 꾸준히 늘어나 2000년 후반부터는 이스라엘의 도시를 공포에 빠뜨렸어. 팔레스타인 청년들이 폭탄을 허리에 벨트처럼 두르고 다니며, 이스라엘 사람들이 많이 모인 곳에서 이를 폭파시켰거든. 1994년부터 2004년까지 274건의 자살 폭탄 테러가 있어 6,134명이 죽고 1만 9,529명이 다쳤다는구나. 팔레스타인 청년들이 자살 폭탄 테러를 저항 수단으로 삼아 투쟁했던 것은, 이스라엘에게 빼앗긴 팔레스타인 영토

오사마 빈 라덴(1957~2011)
사우디아라비아 출신의 국제 테러리스트. 이집트 과격단체들과 동맹을 맺고 막대한 부를 바탕으로 자신이 조직한 테러 조직 알카에다를 통해 국제적인 테러를 지원하기 시작하여 미국 대사관 폭탄 테러와 9·11 미국 대폭발 테러 등의 배후자로 지목되었다.

를 되찾기 위해서야. 팔레스타인 사람들은 이스라엘이 철수하면 그곳에 자기들의 독립 국가를 수립하겠다는 거지."

창희가 물었습니다.

"박사님, 9·11 테러 사건은 항공기 납치와 자살 폭탄 공격이 동시에 이루어진 거죠?"

"그렇지. 오사마 빈 라덴*이 이끄는 테러 조직인 알 카에다는 항공기를 납치해 자살 테러를 일으켜, 미국 뉴욕의 세계 무역 센터 쌍둥이 건물과 워싱턴의 국방부 건물을 폭파했어. 그 이야기를 여러분에게 자세히 들려줄게."

세계 무역 센터는 미국 뉴욕에 있는 쌍둥이 건물이야. 높이 411미터, 110층인 뉴욕의 최고층 건물로, 남쪽 빌딩과 북쪽 빌딩이 나란히 서 있었지. 세계 무역 센터에는 국제 무역을 맡은 정부 기관과 450여 개의 기업들이 입주해 있었어. 직원들만 해도 5만여 명에 이르렀으며, 하루 평균 방문자 수가 8만여 명이나 되었단다. 이 건물은 1962년 유명한 건축가인 야마사키 미노루가 설계했지.

2001년 9월 11일 뉴욕의 날씨는 맑고 화창했어. 아침 시간, 사람들은 일터를 향해 발걸음을 옮기며 좋은 초가을 날씨에 대해 이야기를 주고받았단다.

그런데 8시 46분 40초, 뉴욕 시내에서 경악을 금치 못할 일이 벌어졌어. 보스턴을 출발해 로스앤젤레스를 향해 가던 아메리칸 항공 소속 AA 11편 여객기가 세계 무역 센터 북쪽 빌딩 93층과 99층 사이에 시속 790킬로미터 속도로 충돌한 거야. 빌딩은 순식간에 불길에 휩싸였어. 여객기는 멀리 서부 해안을 향해 가기 때문에 기름을 가득 싣고 있었거든.

불타는 뉴욕의 세계 무역 센터

그뿐만이 아니었어. 10여 분이 지난 9시 3분 11초에는 보스턴을 출발해 로스앤젤레스를 향해 가던 유나이티드 항공 소속 UA 175편 여객기가 세계 무역 센터 남쪽 빌딩 77층과 85층 사이에 시속 950킬로미터 속도로 충돌했단다.★

사고는 그것으로 끝나지 않았어. 9시 37분 46초에 워싱턴에서 로스앤젤레스로 향하는 아메리칸 항공 소속 AA 77편 여객기가 워싱턴에 있는 미 국방부 건물(펜타곤)에 시속 853킬로미터의 속도로 충돌했어. 그리고 10시 3분 11초에 뉴저지 주에서 샌프란시스코로 향하는 유나이티드 항공 소속 UA 93편 여객기가 시속 926킬로미터의 속도로 펜실베이니아 주 피츠버그 동남쪽 130킬로미터 지점에 추락했지.

얼마 안 되는 시간에 미국 본토에서 어떻게 미국 여객기 넉 대가 건물에 충돌하거나 추락하는 사고가 일어났을까? 그것은 테러 조직인 알 카에다가 미국 본토를 겨냥하여 계획적으로 저지른 테러 사건이었어. 이것이 바로 전 세계를 경악시킨 9 · 11 테러 사건이야.

알 카에다는 사우디아라비아 출신의 사업가인 오사마 빈 라덴이 이끄는 테러 조직이었어. 빈 라덴은 이슬람의 세계 정복을 꿈꾸며 1990년대에 이 조직을 만들었어. 그리고는 테러리스트들을 동원하여 곳곳에서 자살 폭탄 테러를 일으켰지.

미국은 오래전부터 이슬람 세력의 적인 이스라엘에 자금 · 군사 장비 · 훈련 등의 지원을 해 왔기 때문에 이슬람권의 테러 조직들은 미국을 '공공의 적'으로 여겼어. 그래서 미국에 대한 공격을 계획하게 되었지. 그 일에 적극적으로 나선 것은 알 카에다였어. 이 테러 조직은 여객기를 납치해 뉴욕의 세계 무역 센터, 워싱턴의 국방부 건물, 국회 의사당, 백악관 건물 등을 테러 공격하기로 했어. 그리하여 테러에 나설 청년들을 미리 미국에 보내 취업 비자로 비행사 훈련을 받게 하는 등, 여러 달 전부터 테러를 준비했지.

9월 11일 아침, 알 카에다의 테러리스트들은 4개 조로 나뉘어 4~5명씩 넉 대의 여객기에 탑승했어. 그리고 여객기를 공중 납치하여 세계 무역 센터, 미 국방부 건물 등에 동시 다발적으로 테러 공격을 했지. 유나이티드 항공 소속 UA 93편 여객기를 납치한 테러리스트들은 본래 미국 백악관이나 국회 의사당을 공격할 계획이었어. 하지만 여객기 안에서 승객들과 격투가 벌어져 펜실베이니아 주 피츠버그 동남쪽 130킬로미터 지점에 추락

하고 말았지.

가장 큰 희생자는 테러리스트들의 자살 폭탄 공격으로 목숨을 잃은 무고한 미국 시민들이었어. 세계 무역 센터에서 2,749명, 미 국방부 건물에서 125명, 넉 대의 비행기에서 256명이 죽었지. 9·11 테러 사건은 미국 역사상 최악의 참사라 할 수 있단다. 테러 사건으로 희생된 사람이 3,130명으로, 태평양전쟁의 진주만 공습 때 목숨을 잃은 2,330명보다 사망자가 훨씬 많았거든. 게다가 미국 역사상 처음으로 본토 공격을 당했으니 미국인들에게는 큰 충격이었어.

2001년 9월 20일 미국의 조지 부시 대통령은 '테러와의 전쟁'을 선포했어. 그는 9·11 테러 사건의 주모자가 알 카에다의 빈 라덴으로 드러나자, 그가 숨어 지낸다는 아프가니스탄을 공격했지. 그러나 빈 라덴을 사로잡고 알 카에다를 뿌리 뽑는 데는 실패했어.

그 뒤 미국은 빈 라덴을 끈질기게 추적해, 2011년 파키스탄에서 그를 사살하는 데 성공했어. 하지만 알 카에다의 시리아 지부에 속해 있던 이슬람 국가(IS)가 알 카에다보다 더 잔혹한 테러 조직으로 성장하면서 테러와의 전쟁은 오늘날에도 계속되고 있단다.

중국인들을 괴롭힌 가뭄과 메뚜기 떼의 재해

1942년 중국 허난 성에는 대기근이 일어났어요. 가뭄이 닥쳐 오랫동안 비 한 방울 내리지 않았지요. 주민들은 양식이 떨어지자 풀뿌리를 캐 먹으며 버티었어요. 그러나 먹을 것은 더 이상 없었고, 수없이 많은 사람들이 굶어 죽어갔어요. 그해에 굶어 죽은 사람이 무려 300만 명에 이르렀어요. 이 무서운 대기근을 피해 주민 수백만 명이 다른 성으로 피난을 떠났지요.

지독한 가뭄과 함께 찾아온 것은 메뚜기 떼였어요. 메뚜기 떼는 보통 가뭄과 더불어 찾아오는 경우가 많은데, 그것은 재앙이나 다름없었어요. 어디든지 메뚜기 떼가 지나가면 모든 것을 먹어치워 논밭이 황폐하게 변했지요.

허난 성에도 예외가 없었어요. 그해 가을에 하늘이 메뚜기 떼로 뒤덮여 마치 거대한 먹구름처럼 보였어요. 해를 가려 금방 캄캄해졌고, 하늘에서 '쏴아!' 소리가 나더니 메뚜기들이 논밭으로 날아들었어요. 논밭은 순식간에 메뚜기 떼로 뒤덮였지요. 메뚜기들은 벼·옥수수·수수·조 등을 닥치는 대로 먹어치웠어요. 주위에 울려 퍼지는 것은 메뚜기들이 농작물을 갉아먹는 소리였지요.

농부들은 메뚜기 떼의 습격을 넋을 잃고 바라보고만 있지 않았어요. 그들은 빗자루·몽둥이 등을 들고 논밭으로 뛰어들어 인정사정없이 메뚜기들을 내리쳤어요. 그래도 메뚜기들은 아랑곳하지 않고 농작물을 갉아먹으며 자기들의 배를 채우기에 바빴어요.

메뚜기들은 논밭의 곡식을 깡그리 먹어치우면 다른 논밭으로 옮겨갔어요.

메뚜기들이 지나간 곳에는 농작물의 줄기만 앙상하게 남았지요.

메뚜기 떼는 마을까지 찾아들어 집집마다 점령했어요. 방은 물론 부엌까지 날아들었고, 불을 피운 아궁이 속으로 몸을 던졌어요. 메뚜기들은 왕성한 식욕을 자랑하며 침대·가구 등의 가재도구뿐만 아니라 집에서 모신 조상의 위패, 조왕신 족자까지 갉아먹었어요.

메뚜기 떼의 습격은 중국에서 자주 겪는 재해였어요. 송나라부터 청나라까지 1,200년 동안 280차례 이상 일어났으니, 4~5년에 한 번꼴로 발생한 셈이었어요.

가뭄과 메뚜기 떼의 재해가 일어나면 굶어 죽는 사람은 부지기수였어요. 서기 550년 '후경의 난' 때 강회 지방에 대기근이 일어났는데, 가뭄과 메뚜기 떼의 피해로 굶어 죽은 사람들이 땅을 덮을 정도였어요. 천 리를 가도 사람의 흔적을 찾아볼 수 없고, 백골이 쌓여 언덕을 이루었다고 해요.

서기 194년에는 메뚜기 떼 피해가 얼마나 컸던지, 100여 일 동안 맞서 싸웠던 조조와 여포가 전쟁을 중단할 정도였어요.

아프리카는 왜 가뭄과 기근으로 어려움을 겪을까?

아프리카에는 농사를 지어 살아가는 사람들이 가장 많아요. 그런데 이곳에는 농경지가 부족한 데다 가뭄과 기근으로 어려움을 겪을 때가 많아요. 흉년이 들면 먹을 것이 없어 모두가 고통을 겪고 굶어 죽는 사람들까지 생기죠.

특히 사하라 사막 이남 지역은 사막화 현상으로 농경지, 목초지가 사라져 사막으로 바뀌어가고 있어요. 사하라 사막과 열대 우림 사이를 '사헬'이라고

하는데, 머지않은 장래에 사헬 지대*도 사막으로 변할 것이라고 해요. 그러면 농사와 목축을 할 수 없게 되어 갈수록 식량과 물이 부족해지겠지요. 더욱이 사하라 사막 이남 지역은 이삼십 년 사이에 인구가 두 배로 늘어났거든요.

현재 아프리카에는 가뭄과 기근으로 말미암아 전체 인구의 20퍼센트가 넘는 2억 명 이상이 굶주림에 시달리고 있어요. 에티오피아에서는 50만 명 이상이 굶어 죽었고, 소말리아·수단·케냐·콩고·앙골라·나이지리아·르완다 등 아프리카 곳곳에서 굶어 죽을 위기에 처

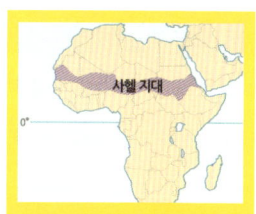

사헬 지대
아프리카 사하라 사막의 주변 지대로 열대림과 사막 사이의 초원 지대를 이르는 말. 근래에 가뭄으로 사막화되고 있다.

한 사람들이 1천만 명이 넘는다고 해요. 게다가 에이즈·말라리아 등의 질병과 계속되는 내란으로 수많은 사람들이 기아선상을 헤매며 죽어가고 있어요.

아프리카는 유럽 열강들에게 식민 지배를 받았는데, 유럽 열강들의 식민 정책은 아프리카를 돈이 되는 수출용 작물 생산지로 만드는 것이었어요. 그 결과 아프리카에서는 면화·땅콩·커피·코코아 등의 특용 작물이 많이 재배되었지요.

오늘날에도 그 현실은 바뀌지 않았어요. 면화는 베냉·말리·부르키나파소, 땅콩은 세네갈 등에서 수출용 작물로 재배하는데, 선진국과 경쟁이 되지 않기 때문에 헐값에 수출할 수밖에 없답니다. 땅콩이나 면화를 재배한 땅에서는 다른 작물이 자라기 어려워 농사를 그만둘 수도 없었어요. 따라서 아프리카 농민들은 먹지 못하는 작물을 재배해 수출하면서 빈곤의 늪에서 헤어나지 못하는 실정이지요.

 **이것은 꼭 알아두세요.**

이스라엘로부터 팔레스타인을 회복하기 위해 팔레스타인 사람들을 중심으로 테러 단체를 만들고 폭탄 공격, 항공기 납치, 인질 납치 등의 테러를 일삼는 집단은?
알 카에다, IS

제 9 장
우리나라 전역을 휩쓸고 간 을축년 대홍수

"9·11 테러 사건에 이어서 우리나라 대홍수 이야기를 들려줄까? 여러분은 홍수가 무엇인지 알고 있지? 한자로 적어 보면 '넓은 홍(洪)'에 '물 수(水)'자야. 그러니까 갑자기 물이 불어나면서 넓은 땅을 메울 만큼 넘쳐흐르는 자연현상이 홍수야. 홍수가 일어나면 하천이 범람하여 주변 지역이 물에 잠기게 되지. 그런데 바다가 넘쳐흐르는 것은 홍수라 하지 않고 해일이라고 부른단다. 여러분, 홍수는 왜 일어날까?"

장길손 박사의 질문에 동배가 대답했습니다.

"비가 많이 와서요. 갑자기 비가 많이 내리면 일정하게 흐르던 물이 넘쳐흘러서 홍수가 나지요."

"대답 잘했다. 빗물은 대부분 땅속으로 스며들어 지하수를 이루는데, 순식간에 많은 비가 내리면 땅 위로 물이 넘쳐 홍수가 일어나는 거야. 대부분의 지역에서는 폭우 때문에 홍수가 나지만, 눈이 많이 오는 곳에서는 빠른 속도로 녹아내린 눈이나 얼음 때문에 홍수가 일어나기도 해. 러시아에서는 이런 봄철 홍수를 막아 보려고 폭격기를 동원하여 얼음을 폭파한다는구나."

"예? 그게 정말이에요?"

아이들은 눈이 휘둥그레졌습니다.

"강의 하류 지역에 엄청 큰 얼음덩어리들이 남아 있거든. 봄이 되면 이것들이 녹아 강물이 불어날 뿐 아니라, 강물의 원활한 흐름을 막는단 말이야. 사람의 힘으로는 이 얼음덩어리들을 깨뜨릴 수 없어, 폭격기들이 폭탄을 터뜨려 얼음덩어리들을 해치우는 거지."

"와아! 얼음과의 전쟁이네요. 박사님, 쓰나미가 일어나도 홍수가 생긴다면서요?"

창희가 묻자 장길손 박사가 대답했습니다.

"해안 지대에서는 당연히 그렇지. 10미터가 넘는 거대한 파도가 밀려들어 마을 전체가 물에 잠기거든. 쓰나미 피해를 많이 입는 일본에서는 거대한 파도를 막기 위해 해안 지대에 높은 콘크리트 방파제를 만들었단다. 홍수가 일어나면 그 피해가 이만저만 큰 것이 아니야. 지구상에는 홍수로 인해 목숨을 잃는 사람이 일 년에 2만 명쯤 된대. 대홍수가 나면 떼

죽음을 당하는데, 1931년 중국 황허 강에서 일어난 대홍수로 370만 명이 목숨을 잃었지. 또한 홍수가 나면 농경지가 물에 잠겨 농작물 피해로 일 년 농사를 망치고, 토양들이 물에 쓸려가서 농사지을 터를 잃게 되지. 그뿐만 아니라 홍수 이후에는 전염병이 퍼져 사람들을 죽음으로 몰아넣는 경우가 많단다."

"홍수가 주는 피해가 아주 크군요. 그럼 홍수를 막을 방법은 없나요?"

"옛날에 중국 사람들은 황허 강의 홍수에 대비하여 진흙으로 둑을 만들었어. 오늘날에도 강 주변이나 해안 지대에 사는 사람들은 홍수를 막기 위해 둑과 방벽 같은 제방 시설을 많이 짓고 있단다. 또한 선진국에서는 많은 돈을 들여 댐을 건설해 홍수를 예방하고 있지. 홍수나 산사태 같은 자연재해를 막으려면 산에 나무를 심는 것도 중요해. 나무는 물을 저장해 두어 필요할 때 내보내고, 뿌리로 땅을 잡아 주어 산사태를 막아 주거든. 일기 예보도 홍수 예방에 도움이 된단다. 홍수는 아시아에서 자주 일어나는데, 해마다 계절풍이 부는 철에 집중호우가 잦은 편이지. 우리나라의 경우에는 비를 많이 뿌리는 태풍 때문에 홍수가 일어나고……. 따라서 물의 흐름과 강우량을 측정해 비가 많이 내릴 곳과 홍수가 일어날 곳을 미리 예측하는 등 날씨 정보를 활용한다면, 어느 정도 홍수를 예방할 수 있지 않겠니?"

"박사님, 홍수가 일어나면 어떻게 해야 하죠?"

세라가 묻자 장길손 박사가 대답했습니다.

"홍수는 순식간에 많은 비가 내려 모든 것을 쓸어가거든. 그러므로 홍수가 일어날 위험이 있는 곳에서는 TV·라디오·인터넷 등으로 현재 상황을 파악하고 대피 시기 및 장소를 알아봐야 해. 그래서 홍수가 일어나면 높은 지대를 향해 재빨리 대피해야 한다."

"그렇군요. 홍수에 대한 이야기 잘 들었어요. 그다음엔 우리나라 대홍수 이야기를 들려주실 거죠? 그전에 재미있는 옛이야기 해 주시면 안 돼요?"

"박사님, 부탁해요."

"쉬어가는 셈 치고 옛이야기 좀 해 주세요. 홍수에 얽힌 옛이야기가 좋겠어요."

아이들이 졸라대자 장길손 박사가 고개를 끄덕였습니다.

"알겠다. 너희들이 원하는 대로 옛이야기를 들려주지. 홍수에 얽힌 옛이야기야."

"감사합니다!"

아이들은 눈을 반짝이며 귀를 쫑긋 세웠습니다.

어느 여름날이었어. 하늘에 먹구름이 뒤덮여 있었어. 금방이라도 장대비가 쏟아질 것 같았지. 한 사나이가 자기 집 마당에서 하늘을 올려다보며 중

얼거렸어.

"뇌공이 또 심술을 부릴 모양이군. 비가 많이 내리고 폭풍이 불어 닥치겠어."

뇌공은 오른손에 든 망치를 휘둘러 천둥소리를 내고, 왼손에 든 북으로 북소리를 내는 벼락의 신이었어. 그런데 언제부턴가 이 사나이를 미워하여 걸핏하면 이 땅에 큰비를 내렸어.

사나이의 이름은 고비였어. 고비는 하늘나라에서 인간 세상으로 내려와 아들딸을 낳고 살고 있었어. 그는 사람들에게 자신의 신분을 철저히 숨겼지. 그 대신 사람들을 돕는 일에 발 벗고 나섰어.

한 번은 사람들이 자기한테 제사를 지내지 않는다고, 뇌공이 심술을 부린 적이 있었어. 몇 달 동안 비 한 방울 내리지 않은 거야. 그리하여 사람들이 큰 가뭄으로 고통을 겪자, 고비는 보다 못해 이 땅에 단비를 내려주었단다.

이 사실을 알게 된 뇌공은 이를 부득부득 갈았어.

'고비 이놈이 내 일을 방해해? 어디 두고 보자.'

고비에 대해 앙심을 품은 뇌공은 그 뒤부터 시도 때도 없이 심술을 부렸어. 툭하면 폭풍우를 내려 사람들을 공포에 떨게 한 거야.

고비는 비가 오기 전에 지붕을 손보기로 했어. 그래서 지붕에 올라가 푸른 이끼를 지붕 위에 깔았지.

'이제 됐다. 비가 많이 와도 지붕이 새지 않겠지?'

고비가 지붕에서 내려오자, 후드득 빗방울이 떨어졌어. 그러더니 장대비가 세차게 쏟아지기 시작했어. 비는 그치지 않았어. '우르르 쾅!' 천둥소리를 울리며 계속해서 쏟아졌어.

'못된 녀석이야. 걸핏하면 큰비를 내려 사람들에게 큰 피해를 주다니. 이 녀석을 내버려 둬선 안 되겠다. 이번 기회에 혼내줘야겠어.'

고비는 삼지창을 꺼냈어. 삼지창은 호랑이를 사냥할 때 쓰는 무기였지.

고비는 쇠 바구니를 가져와 처마 밑에 두고는, 삼지창을 들고 그 옆에 서 있었어.

잠시 뒤, 하늘이 무너지는 듯 요란한 천둥소리가 울렸어. 그러더니 하늘 저편에 뇌공이 나타났지. 그는 손에 도끼를 쥐고 있었어. 뇌공은 날개를 퍼덕이며 내려와 지붕 위에 앉았어. 그런데 그만 지붕에 깔린 이끼에 미끄러져 처마 밑으로 떨어지고 말았단다.

"아이쿠!"

뇌공은 엉덩방아를 찧으며 마당으로 나뒹굴었어.

고비는 이 순간을 놓치지 않았지. 재빨리 뇌공에게 달려들어 삼지창으로 허리를 찔렀어.

"으윽!"

뇌공은 비명을 질렀어. 고비는 뇌공을 들어 올려 쇠 바구니에 집어넣었어. 그러고는 얼른 뚜껑을 닫았지.

"하하, 세상 무서운 줄 모르고 까불더니 꼴좋구나. 어디 나한테 덤빌 테면 덤벼 보아라."

부상을 입은 뇌공은 아무 대꾸도 못 하고 신음 소리만 토했어.

고비는 쇠 바구니를 짊어지고 방안으로 들어갔어. 방안에는 아들과 딸이 있었어.

고비는 쇠 바구니를 방바닥에 내려놓으며 아이들에게 말했어.

"이 쇠 바구니 속에 뇌공을 가둬 놓았다. 달아나지 않도록 잘 지켜라. 저 녀석이 목마르다고 보채도 절대로 물을 주어선 안 된다."

고비는 다음 날 아침 사냥을 떠나면서도 이 당부를 잊지 않았어.

뇌공은 고비가 집을 나서자 신음 소리를 더 크게 냈지.

아이들은 걱정스러운 얼굴로 쇠 바구니 곁으로 가서 물었어.

"뇌공, 왜 그래요? 많이 아파요?"

그러자 뇌공이 일부러 다 죽어가는 목소리로 대답했어.

"몸도 아프지만 목이 타서 못 견디겠구나. 제발 물 한 바가지만 주지 않겠니."

아들이 말했어.

"안 돼요. 우리 아버지가 당신에게 절대로 물을 주지 말라고 하셨어요."

"한 바가지가 안 되면 단 한 잔이라도 다오. 제발 부탁한다."

"아무리 부탁해도 소용없어요. 우리는 아버지 말씀을 들어야 해요."

"애들아, 목이 말라죽을 지경이란다. 이렇게 싹싹 빌 테니 단 한 방울이라도 입술에 적셔 다오."

뇌공은 울음 섞인 목소리로 간절히 애원했어. 아이들은 뇌공이 가여웠어. 그래서 수건에 물을 적셔 한 방울을 입술에 떨어뜨려 주었지. 뇌공은 물맛을 보고 웃으며 말했어.

"너희들은 참 착하구나. 덕분에 목숨을 구하게 되었어. 애들아, 잠시만 자리를 비워 주지 않겠니? 쇠 바구니에서 빠져나와야겠다."

아이들은 뇌공의 말을 듣고 기겁을 했어. 허겁지겁 집 밖으로 뛰쳐나오자, 천둥소리와 함께 뇌공이 쇠 바구니를 부수고 밖으로 나왔어. 아이들은 마당에서 부들부들 떨고 있었어.

뇌공이 입을 벌려 이 하나를 뽑았지. 그러고는 그 이를 아이들에게 주었어.

"애들아, 내가 떠나면 이것을 꼭 땅 속에 심어라. 그러면 순식간에 줄기가 자라나 꽃이 피고 열매가 맺을 거야. 그 열매를 따서 잘 간직하고 있어라. 곧 이 땅에 재앙이 닥칠 텐데, 그 열매 속에 숨으면 목숨을 건지게 될 거다."

말을 마친 뇌공은 천둥소리와 함께 하늘로 올라갔어.

고비가 사냥에서 돌아온 것은 저녁 무렵이었어. 고비는 부서진 쇠 바구니를 보고는 깜짝 놀랐어.

"이게 어찌 된 일이냐? 뇌공이 달아났구나."

"아버지, 죄송해요. 저희들이 아버지 말씀을 어기고 뇌공에게 물을 주어서……."

아이들은 눈물을 흘리며 이제까지 있었던 일을 숨김없이 이야기했어. 고비가 말했어.

"그 일은 이제 잊어버려라. 앞으로 어떻게 할 것인지 생각해 봐야겠다. 뇌공이 이 땅에 재앙이 닥친다고 했다고? 으음, 아무래도 그 녀석이 내게 앙갚음을 하려는 것 같구나. 비를 많이 내려 홍수를 일으키려는 게 틀림없어. 따라서 홍수에 대비해야겠다."

고비는 홍수에 대비해 배를 만들기 시작했어. 그것은 쇠로 된 배인 철선이었어.

아이들은 아버지가 배를 만드는 동안 뇌공이 건네준 이를 땅 속에 심었어. 그러자 바로 싹이 돋아나더니, 줄기가 자라 꽃을 피우고 열매를 맺었지. 그것은 커다란 조롱박이었어.

아이들은 조롱박을 따서 톱으로 켰어. 그러자 그 속에는 이가 잔뜩 들어 있었어.

아이들은 이를 빼내고 그 속에 들어가 보았지. 그랬더니 둘이서 몸을 숨기기에 딱 좋았어.

"오빠, 뇌공이 이것을 잘 간직하라고 했지?"

"그래, 벽장 속에 넣어 두자."

아이들은 조롱박을 벽장 속에 보관했어.

고비는 사흘 만에 배를 완성했어. 그런데 바로 그날, 하늘에 먹구름이 몰려오더니 장대비가 쏟아지기 시작했지. 비는 엄청나게 내렸어. 하늘에 구멍이 뚫린 듯 폭포 같은 비가 쏟아졌어. 논과 밭은 금방 물에 잠겼고, 마을로 산더미 같은 물이 들이닥쳤어.

"얘들아, 어서 배 안으로 피해라. 홍수가 일어났다. 뇌공이 마침내 이 땅에 재앙을 내린 거야."

아이들은 조롱박을 챙겨 들고 아버지를 따라 배에 올라탔어.

마을은 어느새 물에 잠겼어. 숲은 물론 산꼭대기까지 물이 차서, 온 세상이 물바다로 변해 버렸지. 사람들과 동물들은 보이지 않았어. 모두 물에 빠져 죽어 버린 거야.

고비와 두 아이를 태운 배는 정처 없이 물 위를 떠다녔어. 아이들은 배 안에서 조롱박에 들어앉아 있었어. 비는 그치지 않았어. 이 세상을 몽땅 삼키고 하늘나라까지 물에 잠기게 하려는지 억수같이 쏟아졌어. 그리하여 물은 점점 불어나 하늘나라에까지 이르렀지. 저만치 하늘나라의 문이 보였어. 고비는 그곳까지 배를 저어 가서 하늘나라의 문을 두드렸어.

"문을 열어 주시오! 천신께 드릴 말씀이 있소!"

하늘나라의 문을 지키는 신은 밖을 내다보고 깜짝 놀랐어.

"이럴 수가! 물이 차올라 하늘까지 닿았네."

그 신은 물의 신을 불러 말했어.

"큰일 났다! 하늘나라까지 물에 잠기겠다. 빨리 물을 빼라!"

물의 신은 얼른 물을 뺐어. 그러자 비가 그치고 산과 들이 예전의 모습을 드러냈지. 하지만 갑작스레 물을 빼는 바람에 배는 땅으로 곤두박질쳐 산산조각이 났어. 그리하여 고비는 죽고 말았지. 아이들은 공처럼 가볍고 탄력 있는 조롱박 속에 있어 목숨을 건질 수 있었어. 그러나 이 땅에 남아 있는 사람은 남매뿐이었어. 홍수로 인해 모든 사람이 죽어 버렸거든.

남매는 이름도 없었어. 조롱박에서 살아 나왔다고 오빠는 복희라는 이름을 얻었어. 복희는 조롱박을 뜻해. 누이는 복희의 여동생이라고 복희매라고 불리었어.

당시에 하늘나라는 땅에서 그리 멀지 않았어. 땅에서 하늘까지 사다리가 놓여 있어, 복희 남매는 사다리를 타고 올라가 하늘나라에서 며칠 놀다 오곤 했지.

세월은 빠르게 흘러 복희 남매는 어른이 되었어.

어느 날, 복희가 여동생에게 말했어.

"이 땅에 남아 있는 사람은 우리 둘 뿐이야. 이 땅에 사람들을 살게 하려면 우리끼리 결혼해야 해. 자식을 많이 낳아 세상에 퍼뜨려야 한단 말이야."

여동생이 펄쩍 뛰었어.

"오빠, 제정신이야? 우리는 피를 나눈 남매야. 그런데 어떻게 결혼을 해?"

여동생은 오빠와 결혼할 수 없다고 반대했어. 그러나 복희는 포기하지 않았어. 결혼하자고 끈질기게 졸라댔지. 여동생은 더 이상 버티지 못하고 이렇게 말했어.

"모든 것을 운명에 맡겨야겠어. 내가 앞서 달릴 테니 오빠가 내 뒤를 쫓아와 봐. 만약에 내가 오빠에게 붙잡히면 오빠와 결혼할게."

여동생은 달리기를 무척 잘했어. 여동생이 나무 주위를 뱅뱅 도는데, 어찌나 빠른지 잡을 수가 없었어.

그래서 복희는 꾀를 내었지. 여동생을 쫓는 척하다가 방향을 바꾸어 여동생을 붙잡은 거야.

"내가 이겼지? 약속대로 우리는 결혼하는 거야."

복희 남매는 마침내 결혼하여 부부가 되었어.

그리고 얼마 뒤에 복희매가 자식을 낳았는데, 그것은 아기가 아니라 고깃덩어리였어.

"내가 왜 이런 것을 낳았지?"

"하늘나라에 가서 물어보자. 신들은 그 이유를 알고 있을 거야."

복희 부부는 고깃덩어리를 잘게 썰어 종이에 쌌어. 그러고는 그 꾸러미를 들고 하늘나라로 향했어. 복희 부부가 사다리를 타고 절반쯤 올라왔을 때였어. 갑자기 회오리바람이 불어와 고기 꾸러미를 날려 버리고 말았지. 고기 조각들은 사방으로 흩어져 아래로 떨어졌어. 그런데 그것들은 놀랍게도 땅에 내려앉자마자 사람으로 변하는 거야.

복희 부부는 그들에게 성을 지어 주었어. 나뭇잎에 떨어진 사람들에게는 엽씨, 나무 위에 떨어진 사람들에게는 목씨 성을 붙여 준 거야.

이리하여 이 땅에는 많은 사람들이 살게 되었고, 복희 부부는 인류의 조상이 되었단다.

"인류의 조상이 된 복희 남매 이야기 잘 들었어요. 저는 이 이야기에서 벼락의 신인 뇌공이 기억에 남아요. 뇌공은 오른손에 든 망치를 휘둘러 천둥소리를 내고, 왼손에 든 북으로 북소리를 낸다는 게 재미있어요."

연두가 이야기를 들은 소감을 밝혔습니다. 그러자 장길손 박사가 말했습니다.

"'벼락의 신'은 세계 여러 나라의 신화에서도 쉽게 찾아볼 수 있단다. 그리스 신화에서 '신들의 신'으로 불리는 제우스, 북유럽 신화에서 오딘의 아들인 토르, 인도 신화에서 최고의 영웅으로 꼽히는 인드라 등이 천둥과 번개로 호령하는 신이지. 이들은 엄청난 능력으로 인간들을 돕는 신으로 추앙받고 있단다."

"저는 홍수 이야기를 듣고 특이한 점을 발견했어요. 동양 신화라서 그런 가요? 서양 신화와 전혀 달라요. 서양 신화에서는 인간들이 신들을 제대로 섬기지 않거나 큰 죄를 지으면, 분노한 신들이 인간들을 벌주려고 홍수를 일으키잖아요. 그런데 중국 신화인 복희 남매 이야기는 그런 식으로 전개되지 않는걸요."

창희의 말에 장길손 박사는 깜짝 놀랐습니다.

"너 초등학생 맞니? 이야기를 분석하는 능력이 아주 뛰어난걸. 네 말이 맞다. 이 중국 신화는 서양 신화와 확연히 다르지? 서양 신화는 대개 이런 식이야. 사람들이 신들을 제대로 섬기지 않자, 신들은 홍수를 일으켜 사람들을 모조리 없애기로 하지. 그런데 그 가운데 한 신은 사람이 모두 나쁘다고 생각하지 않아. 그래서 신들을 정성스레 섬기는 한 인간에게 신들의 계획을 미리 알려 줘. 그리하여 그 인간은 큰 배를 만들어 홍수로부터 살아남게 되지. 세계 여러 나라에는 이와 비슷한 홍수 신화가 많이 있어. 성경에는 하느님이 타락한 인간들을 홍수로 멸망시킬 때 살아남은 노아의 방주 이야기가 있고, 그리스 신화에서도 제우스가 인간들을 홍수로 심판할 때 데우칼리온이 아내 피라와 함께 유일하게 살아남아 인류의 조상이 되었다는 이야기도 있지. 홍수 이야기가 세계 곳곳에 퍼져 있는 것은 까마득한 옛날에 지구상에 큰 홍수가 있었기 때문이라 추정되고 있지. 그런데 서양의 신화와 달리 동양의 신화는 어떤 이유로 홍수가 일어나니? 신들끼리 다투거나 자연재해의 결과로 홍수가 일어나지? 그것은 중국에서는 홍수가 자주 일어나는 데다, 신도 자연의 일부이고 자연의 변화를 따라야 한다고 생각하기 때문이야."

"그렇군요. 홍수에 얽힌 옛이야기를 해 주셨으니 그다음 이야기를 들려주세요."

"응, 그래. 내가 들려줄 이야기는 우리나라 대홍수 이야기인데, 그전에 참고로 알아두어야 할 이야기가 있다. 혹시 고고학적 발견으로 유명한 최초의 인간 '루시'를 아니? 루시는 1974년 고고학자 도널드 조핸슨*이 에티오피아의 하다르에서 발견했는데, 몇 백 개의 뼈를 맞춰 보니 300만여 년 전에 살았던 가장 오래된 인류의 골격이었어. 정식 학명은 오스트랄로피테쿠스 아파렌시스*야. 조핸슨은 가수 비틀스의 노래 주인공 이름을 따서 직립 보행을 한 이 최초의 인간을 '루시'라고 불렀단다. 조핸슨이 루시의 뼈를 발견할 수 있었던 것은 홍수 덕분이었어. 발굴 작업을 할 때 홍수로 인해 협곡에서 부식된 토양에 붙어 있던 뼈가 모습을 드러냈거든. 내가 왜 이런 이야기를 하는지 짐작할 수 있겠지? 그래, 내가 지금부터 여러분에게 들려줄 을축년 대홍수 이야기에 고고학적·역사적 발견이 있단다. 그 발견을 포함하여 여러 가지 재미있는 이야기를 들려주지."

도널드 조핸슨(1943~)
미국의 고인류 학자. 인류의 조상 루시를 발굴했다.

루시(오스트랄로피테쿠스 아파렌시스)

장길손 박사는 교실 천장에 눈길을 주었다가 말문을 열었습니다.

우리나라는 옛날부터 홍수가 끊이지 않았어. 역사책을 찾아보면 〈삼국사기〉에 40여 회, 〈고려사〉에 104회, 〈조선왕조실록〉·〈승정원일기〉에 176회 등 총 300여 회의 홍수 기록이 있단다.

현대에 와서도 홍수는 어김없이 우리나라를 휩쓸었는데, 그 피해 규모를 보더라도 우리 역사상 가장 큰 홍수로 손꼽히는 것이 1925년 을축년 대홍수야. 그해 7월부터 두 달 사이에 네 차례 큰 홍수가 전국에 걸쳐 발생했어. 한강·임진강·낙동강·금강·만경강·청천강·대동강·압록강·영산강·섬진강 등 전국의 모든 강이 넘치고 논밭과 마을이 물에 잠겼지. 한반도를 강타한 이 대홍수는 피해 규모가 엄청났어. 최종 집계된 결과에 따르면 사망자 647명, 가옥 유실 6,363호, 가옥 붕괴 1만 7,045호, 가옥 침수 4만 6,813호에 이르렀어. 농경지 피해도 유실된 논이 3만 2,183단보, 밭이 6만 7,554단보였어. 피해액은 1억 3백만 원으로, 조선 총독부 1년 예산의 58퍼센트에 달하는 수치였지. 당시 일본 국왕은 대홍수 소식을 듣고 식민 통치에 위협을 느꼈는지 위문 사절을 보내오기도 했어.

조선 총독부는 대홍수가 일어나기 전에 한강 개수 계획을 세워, 1초당 2만 톤의 물을 처리하게 될 것이라고 발표했어. 따라서 한강 수위가 그리 상승하지 않을 것이라고 장담했지. 하지만 그 예측은 빗나가고 말았어. 을축년 대홍수 때 한강 인도교에 1초당 3만 2천361톤의 물이 흘러내렸으며, 한강 수위도 예상보다 2미터나 높아진 12.74미터로 최고 수위를 기록했거든.

을축년 대홍수에서 가장 많은 피해를 입은 곳은 한강을 끼고 있는 서울이었어. 집중호우로 영등포·용산 제방이 무너지고 한강이 넘쳐 이 일대가 물에 잠겼어. 용산 철도청 관사는 1층 천장까지 물이 찼고, 경부선 철도 운행이 중단되었지. 뚝섬과 마포 지역도 완전 침수되었으며, 한강 물이 서울역 앞까지 들이닥쳤단다.

한강변인 송파·잠실·신천·풍납동 일대도 피해가 극심해서 물 폭탄을 맞았어. 송파진 마을이 몽땅 떠내려가, 거처를 잃은 주민들이 지금의 송파 1동 한양 아파트 일대로 이주했다는구나. 이들은 혹독한 물난리를 겪은 뒤 다시는 그런 재난이 일어나지 않도록 후세에 경각심을 주고자, 1926년 7월 15일 송파리에 소재했던 광주군 중대 면사무소에 '을축년 대홍수 기념비'를 세웠어. 이 기념비는 현재 송파 근린공원에 옮겨져 그날의 재난을 증언하고 있단다.

당시 두 번째 홍수로 서울에 물난리가 났던 7월 15~18일에는 이런 일이 있었어. 영등포에 있던 경성 방직 공장은 집중호우가 쏟아지자, 홍수에 대비해 공장 입구에 모래 가마니를 쌓아 둑을 만들었어. 그리고 한강변에 뗏목을 준비해 놓았지. 홍수가 나면 공장에서 일하는 직원들을 대피시키려고 말이야.

영등포 일대에 물이 차면 뗏목이 있는 곳까지 찾아가기 힘들기 때문에, 공장에서 뗏목이 있는 곳까지 굵은 밧줄을 길게 연결해 놓았단다. 그 밧줄을 잡고 뗏목이 있는 곳까지 직원들을 안전하게 이동시키려는 조치였지.

　7월 15일부터 내리기 시작한 장대비는 좀처럼 그치지 않았어. 하늘에 구멍이 뚫린 듯 다음 날에도 무서운 기세로 쏟아졌어. 그러더니 한강 물이 넘쳐 공장 입구의 둑을 넘어 들어왔어. 그 물은 17일에 공장 1층 천장까지 차올랐지.

　"직원들을 대피시키자."

　공장 2층에 있던 직원들은 공장장의 지시로 대피할 준비를 했어.

　그런데 그때 영등포 경찰서에서 일본인 순사가 찾아와 이렇게 말했어.

　"상부의 지시다. 이 공장의 뗏목을 우리가 징발하겠다."

　나중에 알고 보니 영등포 경찰서에서는 유치장이 물에 잠기자, 구류자들을 급히 옮기려고 경성 방직 공장의 뗏목을 징발해 갔던 거야. 결국 경성 방직 직원들은 공장 2층에 갇혀 다음 날까지 공포의 밤을 보낼 수밖에 없었단다.

　을축년 대홍수 때 지금의 서울 강남구의 봉은사는 물난리로 떠내려 오는 사람들을 구하는 일에 나섰어. 이 절의 주지인 청호 스님*은 절 뒤편 언덕에 올랐다가, 물에 빠져 죽어가는 사람들을 보았단다. 이때 그는 뱃사공을 불러 말했어.

청호 스님(1875~1934)
1912년에 봉은사 주지를 맡은 이래 입적에 이르기까지 23년을 봉은사에 주석하였다. 1925년 한강 범람 때 708명의 목숨을 구했다.

"배를 띄워 저 사람들을 구해 주시오. 한 사람당 10원씩 주겠소."

당시 근로자의 하루 품삯이 2원이었어. 10원이라면 아주 큰돈이었지. 뱃사공은 그 돈을 벌기 위해 위험을 무릅쓰고 강에 배를 띄워 사람들을 구해 주었어.

이 소문은 금세 뱃사공들 사이에 퍼졌지. 소문을 들은 뱃사공들이 몰려와 물에 빠진 사람들을 구하러 나섰고, 모두 708명의 목숨을 구할 수 있었단다.

1925년 서울에 대홍수가 난 것은 일제가 한강 제방을 제대로 관리하지 않은 데다, 한강 중·상류 지역의 나무들을 마구 베어냈기 때문이야. 산에 나무가 없으면 홍수에 취약해지거든. 산사태가 나서 하천에 흙들이 쌓이면 집중호우 때 쉽게 범람하게 되지.

을축년 대홍수는 많은 인명과 재산 피해를 주었지만 우리에게 뜻밖의 선물을 주기도 했어. 홍수가 휩쓸고 지나간 뒤 우리나라의 중요한 신석기 유적 가운데 하나인 암사동 선사 유적지와, 백제의 옛 도읍으로 추정되는 풍납토성이 여러 유물과 함께 모습을 드러낸 거야. 홍수로 우연히 발견된 이 유적들은 신석기 시대와 백제 시대의 비밀을 밝히는 획기적인 유적들로 평가되고 있단다.

장길손 박사가 이야기를 마치자 아이들은 손뼉을 쳤습니다.
"짝짝짝!"
"을축년 대홍수를 최악의 홍수로 알았는데, 박사님 말씀대로 우리에게 선물을 안겨 주었어요. 대홍수가 지나고 한강물이 빠져나가자마자 짜잔! 하고, 값을 매길 수 없는 귀한 유적들을 통째로 보여 주다니요."
"저도 홍수를 난폭한 파괴자로만 생각했어요. 그런데 인간들을 위해 그런 소중한 선물을 준비하고 있었다니 기막힌 반전이에요."
아이들은 예상 밖의 이야기에 놀랐는지 들뜬 목소리로 그렇게 소감을 밝혔습니다.

장길손 박사가 말했습니다.

"그리 놀랄 것 없다. 우리나라뿐 아니라 다른 나라들도 우연한 계기로 묻혀 있던 중요한 유적과 유물을 발견하는 경우가 종종 있단다. 예를 들면, 앞서 이야기했던 최초의 인간 루시가 홍수 이후에 발견되었듯이, 석기 시대 사냥꾼인 '얼음 인간'이 알프스의 만년설에서 독일인 등산가들에 의해 우연히 발견되었어. 그런데 을축년 대홍수가 중요한 문화재들을 찾아준 것만은 아니란다. 대홍수 때 다산 정약용이 말년을 보냈던 경기도 남양주시의 생가 여유당★이 물에 떠내려갔고, 연산군과 흥청망청의 전설로 유명한 망원정★도 물에 휩쓸려갔지."

창희가 의젓하게 말했습니다.

"그렇군요. 저는 박사님의 이야기 중에, 물에 떠내려 오는 사람들을 구해 주었다는 봉은사 스님 이야기가 감동적이었어요. 목적을 위해서는 수단과 방법을 가리지 않는 영등포 경찰서의 일본 순사들과 비교가 되어 울림이 컸어요."

"대홍수 때 물에 빠진 사람들을 구하는 것은 쉬운 일이 아니지. 그래서 이상재·정인보·오세창 등 사회의 저명인사들은 〈불괴비첩〉이라는 책을 펴내어 봉은사 스님의 선

여유당
다산 정약용의 생가로 남양주시 조안면 능내리 마재마을에 있다. 1975년에 복원되었다.

망원정

원래 조선 태종의 둘째 아들인 효령대군이 세웠다. 서울특별시 마포구 동교로에 보수 정화되어 유적지로 보존되고 있다.

행과 그 뜻을 기렸단다. 그리고 스님 덕에 목숨을 구한 사람들은 '을축 홍수 수해 구제 공덕비'★를 세워 스님의 공덕을 기렸어."

을축 홍수 수해 구제 공덕비

"아, 그런 일이 있었군요. 아무리 들어도 싫증 나지 않는 아름다운 이야기예요. 그런데 박사님, 일제가 한강 중·상류 지역의 나무들을 마구 베어내어 을축년 대홍수가 일어났나요?"

동배가 묻자 장길손 박사가 대답했습니다.

"물론이지. 1925년 을축년 대홍수뿐 아니라 1920년 낙동강, 1923년 대동강에서 홍수가 일어난 것도 일제가 일본의 재벌과 개인 벌목업자들에게 특혜를 주어 우리나라 산의 나무들을 마구 베어냈기 때문이야. 산림의 훼손은 산사태나 홍수 등의 자연재해로 이어지거든. 일제는 강점기에 우리나라의 소중한 산림 자원을 닥치는 대로 약탈하는 만행을 저질렀어. 그 결과 우리나라의 산 대부분이 민둥산이 되었지."

인도네시아를 휩쓴 공포의 쓰나미

쓰나미는 항구를 뜻하는 '쓰(津)'와 파도를 뜻하는 '나미(波)'가 합쳐진 일본말이에요. '갑자기 항구를 덮치는 큰 파도'를 의미하지요.

쓰나미는 바다 밑에서 일어나는 지진인 해양 지진으로 인해 주로 발생하는 해일이에요. 그래서 쓰나미를 '지진 해일'이라고 해요. 대부분의 해일은 태풍이나 장마전선에 따른 폭풍으로 생기기 때문에 지진 해일과 구별하여 '폭풍 해일'이라고 해요.

지진이 만든 파도는 최고 시속 700~1,000킬로미터의 빠른 속도로 이동해요. 그런데 해안이 가까워지면서 속도가 매우 느려져요. 하지만 해안에 닿아도 에너지를 잃지 않았기 때문에, 뒤따르는 파도와의 간격이 좁아지면서 파도가 힘에 밀려 높이 치솟아 오르는 거예요. 쓰나미의 파도는 해안에 닿아 30미터 높이까지 치솟아 오르기도 해요. 그래서 쓰나미가 덮쳤을 때 바닷물이 하늘을 가렸다고 증언하는 것이지요.

쓰나미가 항구나 해안을 덮치면 엄청난 피해가 발생해요. 그곳에 있는 건물, 배, 사람, 시설물 등 모든 것을 쓸어 버려요.

2004년 12월 26일에는 인도네시아 북수마트라 섬 서부 해안의 해저 40킬로미터 지점에서 진도 8.9의 쓰나미가 일어났어요. 그 위력은 1995년 일본 고베 대지진과 비교하면 1,600배 규모였어요. 쓰나미의 파도는 시속 800킬로미터의 속도로 이동하여 해안가를 덮쳐, 인도네시아 수마트라 섬의 아체 특별구에

서만 17만 명 이상이 목숨을 잃었어요. 그리고 쓰나미는 시속 수백 킬로미터의 속도로 이동하여 태국·스리랑카·인도는 물론 멀리 아프리카 동부 지역인 소말리아·케냐 해안에까지 피해를 입혔어요. 이 재난으로 총 30만 명의 목숨을 앗아간 것으로 추정되고 있어요.

세계에서 화산이 가장 많은 나라, 인도네시아

인도네시아는 동남아시아에서 가장 큰 나라예요. 그 면적은 우리 한반도의 여덟 배가 넘지요. 인도네시아의 인구는 2억 4천만 명으로, 중국·인도·미국에 이어 세계에서 네 번째로 인구가 많아요.

'인도네시아'라는 이름은 '인도'와 '섬들'을 가리키는 '네오스', '~의 나라'를 뜻하는 '이아'가 합쳐진 것이에요. 이 이름에서 '인도 섬들의 나라'라는 뜻이 말해 주듯이 인도네시아는 많은 섬들로 이루어져 있는 나라예요. 모두 18,108개의 크고 작은 섬들이 있으며, 그 가운데 1만 2천 개가 무인도예요. 사람이 사는 섬들 중에 자바·수마트라·깔리만딴·슬라웨시·파푸아 등이 큰 섬인데, 수도인 자카르타가 있는 자바에 전체 인구의 60퍼센트 이상이 살고 있어요.

인도네시아는 열대 지역이에요 연평균 기온이 섭씨 25~27도로 고온 다습한 편이에요. 11~4월까지는 우기, 5~10월까지는 건기예요.

인도네시아는 세계에서 화산이 가장 많은 나라예요. '불의 고리'로 불리는 환태평양 화산대에 놓여 있어 화산이 500개쯤 있어요. 그 가운데 지금도 활동을 하는 화산이 129개나 돼요.

화산은 폭발로 재난을 일으키지만 사람들에게 이로움을 주기도 해요. 화산 때문에 생긴 땅이 더 기름져서, 거름을 주지 않아도 농사가 아주 잘 되거든요. 인도네시아에서 가장 좋은 쌀은 므라삐 화산 기슭에서 생산된다고 해요.

인도네시아는 네덜란드 사람들이 '적도에 걸려 있는 에메랄드 목걸이'라고 불렀듯이 천연자원이 풍부한 보물 같은 나라예요. 원유 · 목재 · 천연가스 · 고무 등이 세계에 널리 수출되고 있어요.

인도네시아의 자바 섬에서는 1892년 인류의 조상이라는 '자바원인'* 의 화석이 발견되었어요. 그리고 자바 섬을 중심으로 모조케르토인 · 솔로인 등의 유해와 유물들이 발굴되어 인도네시아에서 오랜 옛날부터 인류가 살았던 것으로 추정하고 있어요.

인도네시아의 열대우림에는 '숲 속의 사람'이라는 뜻의 '오랑우탄'이 살고 있어

> **자바원인**
> 1892년 인도네시아의 자바섬 트리닐에서 발견된 화석인류로 호모 에렉투스에 속한다. 약 50~100만 년 전에 생존했던 것으로 추정된다.

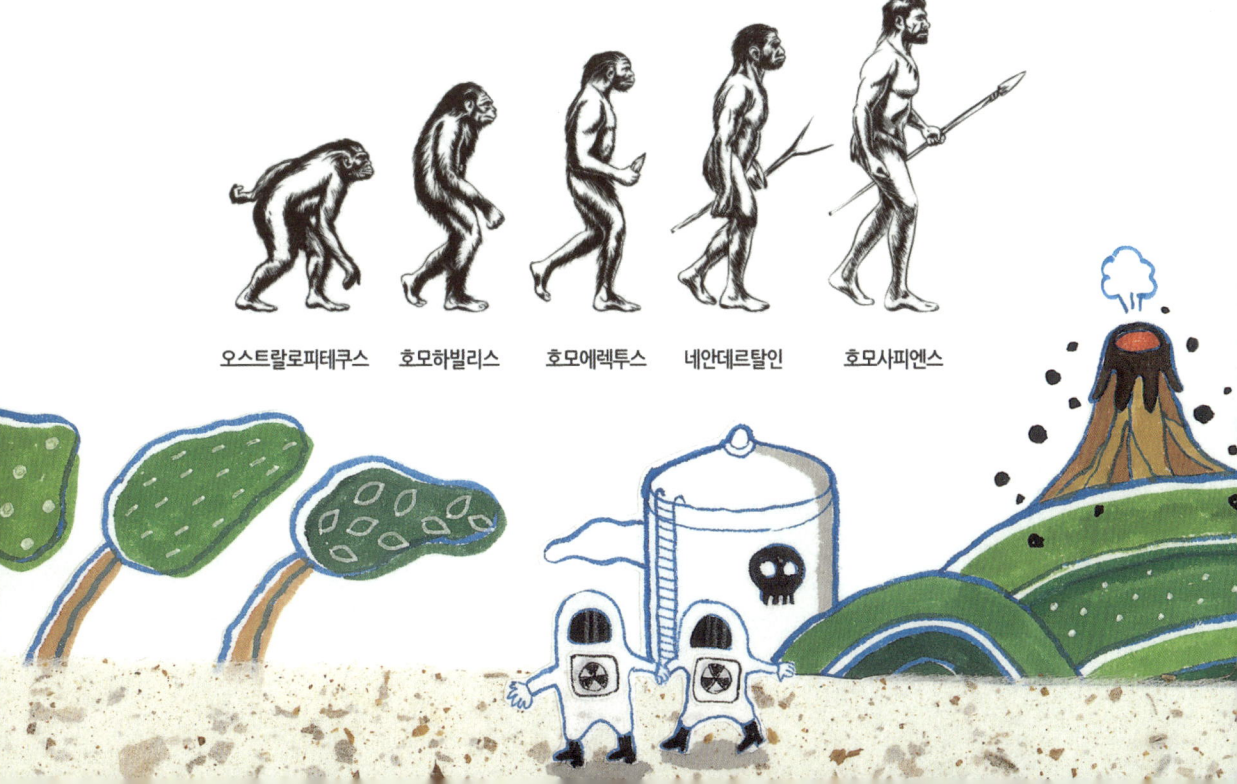

오스트랄로피테쿠스　호모하빌리스　호모에렉투스　네안데르탈인　호모사피엔스

요. 그 밖에도 사람도 잡아먹는다는 왕도마뱀 코모도드래곤, 세상에서 가장 아름다운 새로 꼽히는 극락조 등 다른 나라에서 볼 수 없는 특이한 동물들을 많이 만날 수 있어요.

 **이것은 꼭 알아두세요.**

홍수의 피해를 알아보아요.
농경지가 물에 잠겨 일 년 농사를 망치기도 하고, 토양이 물에 쓸려가서 농사지을 터를 잃게 돼요. 사람이나 가축이 목숨을 잃을 수 있고, 홍수 이후에는 전염병이 퍼져 사람들을 죽음으로 몰아넣는 경우도 많아요.

우리 역사상 가장 큰 홍수는 1925년 을축년 대홍수예요. 많은 인명과 재산 피해를 주었지만 뜻밖의 선물을 주기도 했어요. 그게 무엇인가요?
홍수가 휩쓸고 지나간 뒤 신석기 유적 가운데 하나인 암사동 선사 유적지와, 백제의 옛 도읍으로 추정되는 풍납토성이 여러 유물과 함께 모습을 드러낸 거예요. 홍수로 우연히 발견된 이 유적들은 신석기 시대와 백제 시대의 비밀을 밝히는 획기적인 유적들로 평가되고 있어요.

바다 밑에서 일어나는 해양 지진으로 인해 발생하는 해일은?
쓰나미

제 10 장
여몽 연합군의 일본 정벌과 태풍 가미카제

"1925년 을축년 대홍수가 일어난 것은 그해 7월과 8월에 강한 태풍이 네 번이나 찾아왔기 때문이야. 태풍은 언제나 폭우와 강풍을 데리고 다니거든. 짧은 시간에 많은 비를 뿌리는 집중호우로 홍수를 일으키지. 을축년 대홍수 때는 7월 9~11일, 그리고 그 물이 채 빠지기도 전인 15~19일에 서울에만 753밀리미터의 비가 내렸단다. 그러니까 우리나라 서울의 연평균 강우량의 절반 이상이 8일 동안 쏟아진 거야."

장길손 박사의 설명에 세라가 눈을 크게 떴습니다.

"어머나! 그렇게 비가 많이 내렸어요? 태풍은 폭군이고 심술쟁이예요. 하느님은 어쩌시려고 그런 못된 태풍을 만들어 우리를 괴롭히시는 걸까요? 박사님이 말씀해 주셨지만 태풍으로 인한 인명과 재산 피해가 엄청나잖아요?"

"태풍이 우리에게 큰 피해를 주긴 하지만 전혀 쓸모없는 것이 아니야. 아니, 오히려 쓸모가 많지. 너희들, 무더운 여름에 폭우와 강풍을 거느린 태풍이 불면 어떠니? 밤잠을 못 이루게 했던 무더위가 싹 사라지지? 잠깐이긴 해도 아주 시원해진단 말이야. 게다가 물 부족 현상을 없애 주지. 비가 많이 내려 문제가 생기긴 하지만, 어쨌든 가뭄 해소에 도움이 되잖아. 그뿐만이 아니란다. 태풍은 바닷물을 뒤섞어 바다의 적조 현상을 말끔히 없애 줘. 적조 현상은 플랑크톤들이 많이 생겨 바다 빛깔이 바뀌는 현상이야. 그리고 바다를 뒤집어 놓아 바다 밑에 가라앉은 먹이들을 물 위로 떠오르게 해. 그래서 태풍이 그친 뒤에는 바다에서 물고기가 많이 잡힌다는구나. 참! 중요한 것을 빠뜨렸네. 너희들. 태풍이 어떻게 만들어지는지 아니?"

장길손 박사가 갑자기 아이들에게 물었습니다. 아이들은 선뜻 대답하지 못하고 머리를 긁적였습니다.

"글쎄요. 태풍이 어떻게 만들어지는지 한 번도 생각해 보지 않았어요."

"혹시 하느님이 초대형 선풍기를 틀어 태풍을 일으키시는 게 아닐까요?"

창희의 엉뚱한 말에 장길손 박사가 웃음을 터뜨렸습니다.

"하하하, 네 말이 사실이라면 하늘나라의 초대형 선풍기를 꼭 한 번 보고 싶구나. …… 태풍은 '클 태(泰)'에 '바람 풍(風)'자를 써서 '큰 바람'을 뜻

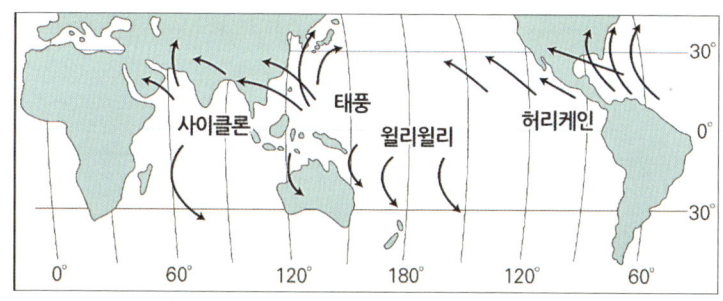
태풍의 발생 장소와 명칭

하지. 그런데 우리나라에서는 옛날에 태풍을 '대풍(大風)'이라고 불렀어. 순수한 우리말로는 '싹 쓸 바람'이라고 하는데, 땅 위의 모든 것을 쓸어 갈 만큼 강하다는 뜻이지. 태풍은 지구 어디에서 생겼는지에 따라 각각 다른 이름*으로 불리고 있어. 북태평양 남서부에서 발생해 우리나라 쪽으로 불어오는 것을 '태풍', 대서양과 멕시코 연안에서 발생하는 것을 '허리케인', 인도양에서 발생하는 것을 '사이클론', 오스트레일리아 연안에서 발생하는 것을 '윌리윌리'라고 하지.

태풍은 수온이 높고 물의 증발량이 많은 북태평양 남서부에서 발생하는 열대성 저기압이야. 바닷물의 온도가 26도가 넘는 곳에서 주로 만들어지지. 적도 근처 바다가 태양열을 받으면 그 열이 공기를 데워 상승 기류가 생겨. 이 상승 기류는 바다로부터 수증기를 엄청나게 공급받아 강한 바람과 많은 비를 동반하고 있지. 이 상승 기류가 점점 강하게 되어 태풍으로 성장하는 거야. 태풍은 7~10월에 생겨 북서쪽으로 이동하면서 적도 지방의 엄청난 에너지를 추운 극지방으로 옮기는 거지. 이런 태풍의 수

송 작전 때문에 지구는 기온을 고르게 유지할 수 있단다."

"태풍이 정말 좋은 일을 하는군요. 처음 알았어요."

아이들은 모두 놀라는 표정을 지었습니다.

"태풍이 가진 에너지가 얼마나 대단한지 아니? 제2차 세계 대전 때 일본 나가사키에 투하된 원자 폭탄의 1만 개에 맞먹는대. 다행히 태풍은 이 에너지의 대부분을 자기 몸을 움직이는 데만 쓴다는구나. 그렇게 위풍당당하던 태풍도 육지에 상륙하면 완전히 힘을 잃어버려. 그 이유는 수증기를 공급받지 못하기 때문이야. 점점 세력이 약해져 그 삶을 마치게 되지."

연두가 물었습니다.

"박사님, 태풍도 이름이 있죠? 이름은 누가 지어 주나요?"

"처음엔 이름이 없었는데, 1953년부터 오스트레일리아의 기상 예보관들이 태풍에 이름을 붙이기 시작했어. 그런데 짓궂게도 자기들이 싫어하는 정치가의 이름을 붙였다는구나. 제2차 세계 대전 이후부터 미 공군과 해군에서는 태풍에 이름을 지어 주었어. 그 이름은 여성처럼 순하고 조용해지라고 모두 여성 이름이었지. 그것도 기상 예보관들의 부인이나 애인의 이름을 썼대. 그러다가 사람들에게 피해를 주는 태풍 이름을 여성 이름으로 하는 것은 성 차별이라는 항의가 있어, 1979년부터 남성과 여성 이름을 번갈아 붙였지. 태풍 이름은 1999년까지 괌 섬 앤더슨 기지의 미국 태풍 합동 경보 센터에서 정한 것을 사용했어. 하지만 2000년부터는 아시아 각 나라 국민들의 태풍에 대한 관심을 높이고 태풍 경계를 강화하기 위해, 서양식 이름 대신 아시아 14개국의 고유 이름을 사용하고 있단다. 일본 동경 태풍 센터에서 이 일을 맡아 각 나라에서 10개씩 제출한 이름을 돌려가며 쓰고 있지. 우리나라에서 제출한 이름은 개미, 나리, 장미, 수달, 노루, 제비, 너구리, 고니, 메기, 나비이고, 북한에서 제출한 이름은 기러기, 도라지, 갈매기, 매미, 메아리, 소나무, 버들, 봉선화, 민들레, 날개 등이야."

"재미있어요. 우리 동식물 이름을 붙이니 태풍이 귀엽고 정겹게 느껴져요."

다은이는 이런 말을 하고는 손으로 입을 가리고 웃었습니다.

그때 창희가 입을 열었습니다.

"박사님, 그 이름 가운데 우리에게 큰 피해를 준 태풍이 있나요?"

"2003년 9월 추석 명절 연휴에 찾아왔던 태풍 매미가 최악의 태풍이었어. 매미는 북한이 제출한 이름 가운데 하나지? 이 태풍은 9월 12일 밤 8시에 남해에 상륙하여 이튿날 새벽까지 6시간 동안 우리나라 영남 지방을 휩쓸고 동해로 빠져나갔단다. 특히 부산에 피해를 많이 주었는데, 인명 피해는 사망과 실종이 132명, 재산 피해가 4조 5천억 원, 이재민이 6만 1천여 명이었지.

매미가 우리나라 역대 태풍 순위 3위라면, 1959년 9월 16일 추석날 새벽에 때맞춰 한반도에 상륙한 태풍 사라가 역대 태풍 순위 2위야. 이 태풍은 '사상 최악의 태풍'이라고 불릴 만큼 악명을 떨쳤어. 전국에서 사망과 실종이 849명, 재산 피해가 662억 원, 이재민이 37만여 명이었어. 선박 9,329척, 주택 12,366동, 도로 10,226개소, 축대 152개소, 제방 1,618개소가 파손되었지. 태풍 하면 누구나 사라를 연상할 만큼 가장 강력한 태풍으로 기억되고 있단다. 그렇다면 우리나라 역대 태풍 순위 1위는 누구일까?"

장길손 박사는 이렇게 말한 뒤 말을 멈췄습니다. 그러자 아이들은 마른침을 꿀꺽 삼키고 일제히 장길손 박사를 쳐다보았습니다.

"박사님, 1위 태풍이 누구예요? 빨리 말씀해 주세요!"

성미 급한 창희가 그새를 참지 못하고 다그치듯 말했습니다.

"태풍 순위 1위는…… 2002년 8월 말에서 9월 초에 한반도를 강타했던 태풍 루사야. 말레이시아에서 제출한 이름으로, 말레이 반도에 사는 사슴과 동물이야. 이 태풍으로 인한 피해가 얼마나 컸든지 6조 1,152억이라는 사상 최대의 재산 피해를 입혔어. 사망과 실종이 246명, 이재민이 6만 3천여 명이었어. 강원도 강릉에는 하루 동안 870.5밀리미터의 비가 내려, 1904년 기상 관측을 시작한 이래 우리나라 일 강수량 부문 역대 1위를 기록했단다."

그때 동배가 물었습니다.

"박사님, 궁금한 것이 있어요. 한 해에 보통 몇 개의 태풍이 생겨나나요? 그리고 우리나라를 찾아오는 태풍이 한 해에 몇 개쯤 되나요?"

장길손 박사가 대답했습니다.

"태풍은 한 해에 보통 20~30개가 생겨나지. 그 가운데 3개 정도가 우리나라를 찾아온단다. 언제 찾아오는지 조사해 보니 8월, 7월, 9월 순으로 많이 오고, 8월과 7월에 찾아오는 태풍이 전체의 66퍼센트를 차지해. 드물게는 6월과 10월에도 찾아오는 경우가 있단다. 우리나라 역사를 살펴보면, 태풍에 관한 기록을 찾아볼 수 있어. 태풍은 삼국 시대부터 '대풍'이라고 불리었는데, 그 강도를 다음과 같이 나누어 적었단다. 즉, '나무가 뽑히고 부러졌다.'는 '절목(折木)', '기와가 날아갔다.'는 '비와(飛瓦)', '돌멩이가 날아 구른다.'는 '주석(走石)', '사람이 나뭇가지에 얹혀 죽는다.'는 '강사(殭死)' 등이야. 우리나라 태풍에 관한 최초의 기록은 고구려 모본왕 2년(49년) 3월 '폭풍이 불어 나무가 뽑혔다.'는 거야. 삼국 시대에는 고구려 4회, 백제 4회, 신라 24회의 대풍이 불었다는 기록이 남아 있어. 그리고 고려 시대에는 '대풍이 불어 나무가 뽑혔다.'는 절목이 29회, '기와가 날아갔다.'는 비와가 6회 등 83회에 이르는 태풍 기록이 있어. 조선 시대에는 〈조선왕조실록〉과 〈고종순종실록〉에 나오는 태풍 기록이 177회에 달해. 이 중에서 명종 대에 29회가 있고, 정종 · 문종 · 단종 · 예종 · 경종 · 철종 대에는 태풍 기록이 단 1회도 없단다."

조용히 듣고 있던 창희가 궁금한 듯 물었습니다.

"태풍에 얽힌 중요한 역사 사건은 없나요? 이왕이면 우리나라와 관련된 재미있는 이야기였으면 좋겠어요."

장길손 박사가 웃으며 말했습니다.

"내 이야기가 지루해서 재미있는 이야기를 듣고 싶은 모양이지? 좋아, 마지막 이야기다. 1274년과 1281년 고려와 몽골은 연합군을 만들어 일본 정벌을 떠났지. 바로 '여몽 연합군'인데, 태풍이 중요한 역할을 한 그 전쟁 이야기를 들려줄게."

아이들은 마지막 이야기라는 말에 아쉬운 표정을 지으며 이야기에 귀를 기울였습니다.

13세기 초 몽골 고원의 모든 부족을 통일하고 몽골 제국을 세운 칭기즈 칸은, 서아시아·남러시아를 정벌하는 등 그 세력을 키워 나갔어. 그리하여 그 후계자들은 금(金)과 거란을 정벌하고 동유럽에까지 원정하여 역사상 유례없는 대제국을 이루었지. 칭기즈칸의 손자인 쿠빌라이 때에는 남송을 제외한 중국의 대부분을 차지하여 1271년 북경을 수도로 한 원나라를 세웠단다.

당시 아시아에서 몽골에 복종하고 조공을 바치지 않는 나라는 일본뿐이었어. 몽골은 일본을 치기 전에 조공을 요구하는 사절을 여러 차례 보냈어.

하지만 일본은 아무런 답변도 하지 않고 조공을 거절해 버렸지.

쿠빌라이는 일본을 정벌하기로 마음먹고 고려에게 병선을 만들라는 영을 내렸어. 그리하여 고려 정부는 전국에서 3만 5백 명을 동원하여 조선소에서 배 만드는 일을 시작했지.

그러나 그 일은 만만치 않았어. 3만 5백 명의 인부들을 먹일 식량조차 없었거든. 몽골에서 쌀 2만 석을 보내와 겨우 충당했어. 〈고려사절요〉는 당시의 상황을, "여러 가지 일이 매우 번거롭고 바쁘며, 기한이 급박하여 몰아치기를 바람과 번개같이 하니 백성들이 매우 괴로워했다."라고 기록해 놓았단다.

고려 정부는 1274년 1월 15일 병선 만드는 일을 시작하여 120여 일 만인 5월 말에 그 일을 마쳤어. 그야말로 '바람과 번개같이' 일을 해치운 거야. 이리하여 범선 900척이 마련되었어. 비용이 많이 들고 기간이 오래 걸리는 남송의 양식이 아니라, 비용이 적게 들고 기간이 단축되는 고려의 양식으로 배를 만들었기에 가능한 일이었지.

그런데 여몽 연합군의 일본 원정은 여러 달이 지난 10월에야 이루어졌어. 일본 원정을 준비하던 고려 왕 원종이 6월에 세상을 떠나 국상을 치러야 하기 때문이었지. 왕위를 물려받은 것은 세자 왕거로, 그가 바로 충렬왕이야.

1274년 10월 3일 여몽 연합군은 일본을 치기 위해 합포(마산)를 출발했어.

몽골군 2만 5천 명, 고려군 8천 명, 초공(뱃사공)·인해(항로 안내자)·수부(허드레 일꾼) 6,700명 등으로 이루어진 원정대였어. 여몽 연합군은 총사령관(도원수)은 몽골의 흔도였고, 고려군 지휘관(중군 도독사)은 고려의 김방경 장군이었어. 병선은 900척이었지.

여몽 연합군은 항해를 시작한 지 이틀 만에 대마도(쓰시마 섬)에 닿았어. 이들은 대마도를 쉽게 점령하고 열흘 가까이 머문 뒤 일기도(이키 섬)로 쳐들어갔어. 이때가 1274년 10월 14일이었지. 〈고려사〉에는 당시의 상황을 이렇게 기록해 놓았어.

일기도에 이르러 1천여 명을 죽이고 길을 나누어 진격하니, 일본인들이 뿔뿔이 흩어져 달아났다. 죽어 넘어진 시체가 삼대(삼의 줄기)처럼 많았으며, 날이 저물 무렵에 포위를 풀었다.

10월 20일 여몽 연합군은 일본 본토인 규슈의 하카타 만에 상륙했어. 이때 일본군 1만여 명과 전투가 벌어졌는데, 일본군은 싸움에서 밀리기 시작했어. 일본군의 무기는 여몽 연합군의 무기보다 약했거든. 일본군의 활은 장궁인 데 비해, 연합군의 활은 단궁이었어. 단궁의 화살촉에는 독이 발라져 있어 활을 맞으면 치명상을 입었지. 게다가 연합군에게는 일본군에 없는 철포가 있었어. 철포는 화약을 채우고 불을 붙여 쏘는 화포로 그 위력이 대단했지.

　일본군은 전세가 불리해도 죽을힘을 다해 싸웠어. 그러다 보니 연합군의 피해도 적지 않았지. 날이 저물고 전투가 그치자 여몽 연합군 진영에서는 작전 회의가 열렸어. 총사령관 흔도는 병사들이 몹시 지쳐 있으니 정박 중인 배로 돌아가자고 했어. 여기에 머물러 있으면 일본군의 기습을 받을 수도 있다면서 말이야. 그러나 김방경을 비롯한 고려군 장수들은 그 의견에 반대했어. 승세를 잡았으니 여기에 배수진을 치고 계속 싸우자는 것이었어. 하지만 고려군 장수들의 의견은 받아들여지지 않았고, 여몽 연합군은 철수하여 배로 돌아갔단다.

　그런데 그날 밤 놀라운 일이 벌어졌어. 갑자기 바다에 태풍이 불어 닥친 거야. 강한 바람은 여몽 연합군의 병선 수백 척을 침몰시켰고, 병사 1만 3천5백여 명이 물에 빠져 죽었어. 일본 원정은 이렇게 태풍 때문에 실패로 돌아가고 말았지.

　원나라 세조 쿠빌라이는 일본 원정에 실패했는데도 침략의 야욕을 버리지 않았어. 1279년 남송을 멸망시킨 뒤 일본 원정을 준비했어. 그는 남송의 4개 성에 병선 600척을 만들라는 영을 내렸어. 그리고 고려에도 병선 900척을 만들라고 요구했단다. 또한 1280년에는 제주도와 중국 남해안에 조선소를 두어 병선 3천5백 척을 만들게 했지.

　1281년 원정 준비를 모두 마치자 여몽 연합군의 제2차 일본 원정이 시작되었어. 연합군은 동로군과 강남군으로 나누어 일본을 향해 출발했어. 동로군은 1차 원정 때처럼 흔도를 총사령관으로 하고, 고려군은 김방경이 맡아 지휘했어. 4만 2천 명이 병선 900척에 나누어 타고 고려의 합포에서 출발했지. 강남군은 멸망당한 남송의 병사 10만 명으로, 병선 3천5백 석에 나누어 타고 중국 양자강 어귀인 경원(영파)에서 출발했어. 동로군과 강남군은 제각기 출발하여 일본 일기도에서 합류하기로 한 거야.

1281년 5월 3일 동로군은 합포를 출발하여 대마도를 점령하고 일기도마저 손아귀에 넣었어. 그리고 6월 6일 일본 본토인 규슈의 하카타 만으로 나아갔는데, 도저히 육지로 상륙할 수 없었어. 제1차 원정 이후 일본이 여몽 연합군과의 전쟁에 대비해 해안선을 따라 높고 견고한 석벽을 쌓아 놓았거든.

동로군은 할 수 없이 상륙을 포기하고, 하카타 만 입구의 지하도(시카노 섬)를 통해 육지로 나아가기로 했어. 지하도에는 석벽이 없고 수비가 허술했으니까.

지하도를 점령하기 위해 선봉으로 나선 것은 김방경이 이끄는 고려군이었어. 고려군은 용감하게 싸워 일본군 300여 명을 목 베어 죽일 수 있었어. 하지만 일본군의 저항은 만만치 않았어. 동로군과 일본군은 서로 물러서지 않고 용감하게 싸웠지.

그 무렵 동로군 진영에서는 전염병이 퍼지기 시작했어. 이 전염병으로 3

천여 명이 목숨을 잃었단다.

이때는 여몽 연합군의 강남군이 도착하기 전이었어. 강남군은 동로군과 6월 15일 일기도에서 만나기로 했거든.

동로군은 6월 6일부터 지하도를 빼앗기 위해 일본군과 치열하게 싸웠어. 하지만 자기네 진영에 전염병이 도는 데다, 일본군의 거센 저항에 부딪쳐 나중에는 패전을 거듭했어. 이 전투에서 죽은 몽골군 병사가 1천여 명에 이르렀어. 할 수 없이 동로군은 지하도 점령을 포기하고 6월 13일 하카타 만에서 물러났단다.

6월 15일이 지나도 강남군이 오지 않자 동로군은 작전 회의를 열었어. 이때 흔도는 크게 실망하여 일본에서 철수하자는 의견을 내놓았어. 그러나 고려군 김방경의 반대로 동로군은 일본에서 철수하지 않고 응도(다카시마) 쪽으로 향했지.

강남군은 약속한 날짜에서 보름이 지나서야 대마도에 도착했어. 그리고 7월 초에야 평호도(히라도 섬)에 닿아 동로군과 합류할 수 있었어.

강남군과 동로군은 함께 하카타 만을 공격하기로 했어. 하지만 두 부대가 완전히 합류하는 데는 많은 시간이 걸렸지. 강남군과 동로군은 7월 27일에야 응도 근처 바다에서 만나 공격 준비를 할 수 있었단다.

강남군과 동로군의 합류로 사기가 오른 여몽 연합군은 7월 30일 전투 대형을 짜서 하카타 만을 공격할 준비를 마쳤어.

그런데 그날 밤 난데없이 태풍이 불어오는 거야. 태풍은 연합군 함대를 강타해 큰 피해를 입혔어. 태풍을 이기고 살아 돌아간 연합군 병사는 14만여 명 가운데 3만여 명에 불과했어. 여몽 연합군의 제2차 일본 원정도 이렇게 실패로 끝나고 말았지. 두 번이나 태풍 때문에 위기에서 벗어나자, 일본 사람들은 신(神)이 도운 바람이라 하여 이 태풍을 '가미카제(神風)'라고 불렀단다.

"놀라워요! 어떻게 여몽 연합군이 총공격을 앞두고 있을 때 태풍이 불어요?"

"일본 사람들이 신이 바람을 보내 자기네들을 도와주었다고 믿을 만하네요."

"태풍의 위력이 대단해요. 그 많은 배를 한꺼번에 쓸어버리다니요."

아이들은 저마다 한마디씩 하며 태풍에 대한 놀라움을 나타냈습니다.

장길손 박사가 말했습니다.

"태풍의 무서움은 실제 당한 사람이 아니면 아무도 몰라. 태풍이 불어 닥치면 수많은 사람들이 목숨을 잃고 큰 피해를 입어 수많은 수재민이 생기거든."

"태풍의 피해를 줄이려면 어떻게 해야 하죠?"

동배가 묻자 장길손 박사가 대답했습니다.

"태풍은 비와 바람을 몰고 다니기 때문에 그에 대한 대비를 철저히 해야 해. 태풍으로 인한 피해는 첫째로 바람에 의한 피해가 있어. 강풍이 불면 도시에서는 간판이 바람에 날려 크게 다칠 수 있어. 따라서 건물 근처에 얼씬도 하지 말아야겠지? 집 안에서는 창문을 닫고 유리창에 테이프를 붙이면 떨어지거나 깨지는 것을 막을 수 있을 거야. 태풍으로 인한 피해는 둘째로 집중호우로 인한 수해가 있어. 비가 많이 와서 건물이 물에 잠기거나 산사태·축대 붕괴 등의 사고가 발생할 수 있어. 그러니 태풍 경보가 발령되면 저지대 및 상습 침수 지역에 사는 사람들은 안전한 곳으로 신속히 대피해야 해. 또한 붕괴가 예상되는 축대나 저수지 둑 등은 미리미리 잘 살펴보고, 태풍 경보가 발령되면 그 근처에 가까이 가면 안 돼. 아무튼 태풍이 온다는 소식이 있으면 라디오·텔레비전·인터넷 등에 귀를 기울여 기상 예보를 챙겨 들어야 한다."

장길손 박사는 잠시 말을 끊었다가 다시 이었습니다.

"내 수업은 여기까지다. 내 이야기를 재미있게 들어줘서 고맙구나."

장길손 박사의 말에 아이들은 아쉽다는 표정을 지었습니다.

"벌써 끝나요? '어린이 재난 교실'을 한 달 내내 듣고 싶은데……."

"저도요. 차라리 학교 이름을 '어린이 재난 교실'로 해서 중학교·고등학교처럼 3년 내내 수업을 하는 게 어때요?"

"박사님이 우리 교장 선생님께 말씀드려 보세요."

장길손 박사가 너털웃음을 지었습니다.

"껄껄, 기발한 생각이다. 하지만 3년 내내 재난 수업만 들으면 지겨워지지 않겠니. 어쨌든 너희들이 재난에 대해 큰 관심을 보여 줘서 고맙다. 앞으로 또 이런 자리가 마련되면 좀 더 재미있고 유익한 이야기를 들려주고 싶구나."

장길손 박사는 아이들과 작별 인사를 나누었습니다.

창희는 도서관 문을 나서며 세라에게 말했습니다.

"세라야, 장길손 박사님 너무 멋지지? 나도 이담에 커서 박사님처럼 재난을 연구하는 학자가 되고 싶어."

"전염병 교실에 갔을 때는 전염병을 연구하는 학자가 되고 싶다고 했지? 왜 그렇게 귀가 얇아? 이랬다 저랬다 하고……. 나한테는 오빠의 그 변덕이 재난이야."

"뭐, 어쩌고 어째? 너 혼 좀 나 볼래?"

"와아, 화산이 터졌다! 도망치자!"

세라는 큰 소리로 외치며 쏜살같이 달아났습니다. 세라를 뒤쫓아 가는 창희의 머리 위에 정오의 햇살이 쏟아지고 있었습니다.

태풍과 지진의 나라, 일본

일본은 장마와 태풍의 영향으로 비가 자주 내리는 편이에요. 연평균 강우량은 1600~1700㎜로, 세계의 연평균 강우량인 1000㎜보다 상당히 많아요. 7~9월에는 태풍이 주는 피해도 적지 않아요. 해마다 남태평양에서 생기는 태풍의 3분의 2 이상이 일본을 지나가기 때문이에요.

또한 일본은 환태평양 조산대에 속해 있기 때문에 지진과 화산 활동이 활발해요. 늘 지진과 화산 폭발의 가능성을 안고 있으며, 지금도 활동을 하는 화산이 67개나 돼요. 세계 활화산의 10퍼센트를 차지하고 있지요.

일본에서 일어나는 지진은, 인간이 느끼지 못하는 약한 것까지 합하면 일 년에 5천~1만 회에 이른다고 해요. 1995년에는 고베에서 진도 7.2의 대지진이 일어나 5,249명이 죽고 건물 10만 채 이상이 파괴되었으며, 2011년에는 일본 동북부 지방에서 진도 9.0의 대규모 지진과 해일이 일어나 1만 5,800여 명이 죽고 3,400여 명이 실종되었어요. 지진은 이처럼 수많은 인명과 재산 피해를 낳기 때문에 일본 사람들을 공포에 떨게 한답니다.

그래서 일본 사람들은 지진에 대비하여 옛날부터 집을 아주 튼튼하게 지었어요. 1960년대까지만 해도 8층 이상 건물은 짓지 않았고, 오늘날에 와서는 고층 빌딩을 지을 때 보통 건물보다 철골을 많이 넣고 유리창도 쉽게 깨지지 않게 해요. 그리고 지진이 일어날 때 충격을 줄이려고, 강한 바람이 불면 일부러 흔들리도록 건물을 짓고 있지요.

찌는 듯이 덥고 습기 많은 여름 날씨는 일본 전통 가옥에도 영향을 미쳤어요. 바람이 모두 통할 수 있도록 창도 많이 달고 가벼운 자재를 썼으며, 마루 위에는 돗자리와 비슷한 다다미를 깔았어요. 다다미는 여름에 습기를 흡수하고 겨울에 보온 효과가 있어 일본의 자연환경에 아주 적합하답니다.

화산 덕분에 일본에는 온천이 참 많아요. 활발한 지열 활동으로 수천 개의 자연 온천이 생겨났거든요. 일본에서는 온천을 관광지로 만들어 많은 수익을 올리고 있다고 해요.

미국을 강타한 허리케인 카트리나

허리케인은 대서양과 멕시코 연안에서 발생하는 폭풍이에요. 8월에서 10월 사이에 정기적으로 나타나지요.

허리케인은 1등급에서 5등급까지 있어요. 1등급은 '약함'이고 2등급은 '보통', 3등급은 '강함'이에요. 그리고 4등급은 '매우 강함', 5등급은 '가장 강함'이에요.

카트리나 위력

허리케인은 지구 온난화의 영향으로 그전보다 강해지고 있어요. 허리케인으로 인해 일어난 홍수는 큰 피해를 줘요. 2005년 8월 말 미국을 강타한 허리케인 '카트리나'★가 대표적인 경우예요.

카트리나는 처음에 2등급에 속할 만큼 약한 바람이었어요. 그런데 멕시코만 상공에서 높은 온도와 따뜻한 해류로 인해 강력한 태풍으로 바뀌었어요.

카트리나는 미국 남부 해안 도시인 루이지애나 일대를 휩쓸었어요. 이 폭풍으로 1,800명 이상이 죽고 이재민이 1백만 명 이상 생겼으며, 재산 피해는 1,000억 달러에 이르렀어요.

카트리나로 인한 피해가 컸던 것은 루이지애나 주의 뉴올리언스 외곽에 쌓은 제방이 무너져 홍수가 일어났기 때문이에요. 이 홍수로 물이 밀려 들어와 시내 대부분이 물에 잠겼고, 많은 사람들이 물에 빠져 죽었어요.

미처 대피하지 못해 시내에 남은 사람들은 헤엄을 쳐서 안전한 곳으로 가거나, 지붕 위에 올라가 구조의 손길을 기다렸어요.

뉴올리언스에는 마실 물도 없고 전기도 끊겼어요. 일부 지역에서는 권

총으로 무장한 사람들이 상점을 약탈하기도 했어요. 결국 9월 10일 뉴올리언스에 전시 체제가 선포되었지요.

카트리나는 미국 역사상 가장 강력한 폭풍 가운데 하나로 꼽히고 있어요.

 이것은 꼭 알아두세요.

태풍이 불면 큰 피해를 보지만 이로움도 있어요. 어떤 것일까요?
여름 무더위가 사라지고 가뭄 해소에 도움이 돼요. 또 바닷물을 뒤섞어 적조 현상을 없애고 바다 밑에 가라앉은 먹이들을 물 위로 떠오르게 해요. 그래서 태풍이 그친 뒤에는 물고기가 많이 잡혀요.

일본은 지진과 화산 폭발의 가능성을 늘 안고 있어요. 일본 사람들은 이를 대비하기 위해 어떤 노력을 하고 있나요?
옛날부터 집을 아주 튼튼하게 지어요. 고층 빌딩을 지을 때는 보통 건물보다 철골을 많이 넣고 유리창도 쉽게 깨지지 않게 해요. 그리고 지진이 일어날 때 충격을 줄이려고, 강한 바람이 불면 일부러 흔들리도록 건물을 지어요.

미국 역사상 가장 강력한 폭풍 가운데 하나는?
카트리나

■ 참고 문헌

*《가이아의 갑옷》, 김동영, 동아사이언스, 2002
*《검은 감자—아일랜드 대기근 이야기》, 수전 캠벨 바톨레티 지음, 곽명단 옮김, 돌베개, 2014
*《고려 시대 무역과 바다》, 이진한, 경인문화사, 2014
*《과학사의 유쾌한 반란》, 하인리히 찬클 지음, 전동열·이미선 옮김, 아침이슬, 2006
*《교양인을 위한 일본사》, 야마모토 히로후미 감수, 이재석 옮김, 청어람미디어, 2002
*《99%의 롤모델》, 권홍우, 인물과사상사, 2010
*《나의 서양사 편력》 2, 박상익, 푸른역사, 2014
*《날씨가 바꾼 어메이징 세계사》, 반기성, 플래닛미디어, 2012
*《날씨가 역사를 만든다》, 안 클라게 지음, 이상기 옮김, 황소자리, 2004
*《낭만과 모험의 고고학 이야기》, 스티븐 버트먼 지음, 김석희 옮김, 루비박스, 2008
*《네로, 광기와 고독의 황제》, 필리프 반덴베르크 지음, 최상안 옮김, 한길사, 2003
*《대기근이 온다》, 우승엽, 처음북스, 2016
*《대기근, 조선을 뒤덮다》, 김덕진, 푸른역사, 2008
*《대단한 지구 여행》, 윤경철, 푸른길, 2006
*《대중의 미망과 광기》, 찰스 맥케이 지음, 이윤섭 옮김, 창해, 2004
*《두산 세계대백과사전》, 두산동아, 1996
*《런던 이야기》, 미셸 리, 추수밭, 2015
*《마르틴 치머만의 세계사》, 마르틴 치머만 지음, 김지영·안미라 옮김, 살림, 2009
*《만들어진 역사》, 조셉 커민스 지음, 김수진·송설희 옮김, 말글빛냄, 2008
*《만주 이야기》, 동북아역사재단 편, 동북아역사재단, 2013
*《모자이크 세계 지리》, 이우평, 현암사, 2011
*《무서운 지구》, 니콜라 바버·닐 모리스·필립 스틸 지음, 김인숙 옮김, 산하, 2008
*《미스터리 세계사》, 역사미스터리클럽 지음, 안혜은 옮김, 이다미디어, 2016
*《미스터리와 진실》 1-2, 이종호, 북카라반, 2013
*《바로 보는 중국 현대사》, 찰리 호어 지음, 조남선 옮김, 풀무질, 1996
*《백두산 대폭발의 비밀》, 소원주, 사이언스북스, 2010
*《백지원의 고려왕조실록》 하권, 진명출판사, 2010
*《벌거벗은 로마사》 2, 인드로 몬타넬리 지음, 박광순 옮김, 풀잎, 1990
*《브리태니커 세계대백과사전》, 한국브리태니커회사, 1992
*《비이성의 세계사》, 정찬일, 양철북, 2015
*《3천년 중국 역사의 어두운 그림자》, 김택민, 신서원, 2006
*《사건으로 읽는 대한민국》, 박태균, 역사비평사, 2013
*《새롭게 본 발해사》, 고구려연구재단 편, 고구려연구재단, 2005
*《서울 600년》 4, 김영상, 대학당, 1996
*《서울, 한양의 기억을 걷다》, 김용관, 인물과사상사, 2012
*《서프라이즈》(사건 편), MBC '신비한 TV 서프라이즈' 제작팀, MBC C&I, 2016
*《서프라이즈 세계사 100》, 릭 바이어 지음, 채희석 옮김, 한숲, 2004
*《서프라이즈》(인물 편), MBC '신비한 TV 서프라이즈' 제작팀, MBC C&I, 2016
*《설탕, 커피 그리고 폭력》, 케네스 포메란츠·스티븐 토픽 지음, 박광식 옮김, 심산, 2003
*《세계사 다이제스트 100》, 김희보, 가람기획, 2010
*《세계사를 움직인 100대 사건》, 박영흠·김소정, 청아출판사, 2011
*《세계사 오류 사전》, 조병일·이종완·남수진, 지오북스, 2007
*《세계사의 대실수》, 조프리 리건 지음, 장동현 옮김, 세종서적, 1996
*《세계사 칵테일》, 역사의수수께끼연구회 지음, 홍성민 옮김, 웅진윙스, 2007
*《세계사 캐스터》, 로라 리 지음, 박지숙 옮김, 웅진지식하우스, 2007
*《세계사 콘서트》, 안효상, 지식갤러리, 2014
*《세계 역사, 숨겨진 비밀을 밝히다》, 장장년·장영진 편저, 김숙향 옮김, 눈과마음, 2007

*《세계 역사의 미스터리》하, 양지에 지음, 문소라 옮김, 북공간, 2007
*《세계의 모든 신화》, 케네스 C. 데이비스 지음, 이충호 옮김, 푸른숲, 2008
*《세계 지리 산책》, 박찬석, 비엘프레스, 2007
*《세상을 바꾼 기후》, 김덕진, 다른, 2013
*《세상을 바꾼 이슬람》, 이희수, 다른, 2015
*《스캔들 한국사》, 이상효, 북씽크, 2015
*《쓰나미를 예측할 수 있을까?》, 엘렌 에베르·프랑수아 셍들레 지음, 김성희 옮김, 민음in, 2008
*《아! 대한민국》, 중앙일보, 랜덤하우스중앙, 2015
*《악마의 정원에서》, 스튜어트 리 앨런 지음, 정미나 옮김, 생각의나무, 2005
*《안전 대한민국》(사건·사고), 한국방송신문연합회, 2015
*《어, 그래?-세계사》, 이규조, 일빛, 1998
*《어처구니없는 한국 현대사》, 김희경·신주희·이재경·이형구, 지성사, 1996
*《에드바르 뭉크》, 수 프리도 지음, 윤세진 옮김, 을유문화사, 2008
*《여몽 연합군의 일본 정벌》, 정순태, 김영사, 2007
*《역사 미셀러니 사전》, 앤털 패러디 지음, 강미경 옮김, 보누스, 2006
*《역사보다 재미있는 것은 없다》, 정기문, 신서원, 2000
*《역사 속의 세계사》, 폴임, 시간과공간사, 2012
*《역사 속의 오늘》Ⅰ·Ⅱ, 김정형, 생각의나무, 2005
*《역사의 오류》, 베른트 잉그마르 구트베를레트 지음, 이지영 옮김, 열음사, 2008
*《역사의 절망을 넘어》, 김삼웅, 꽃자리, 2015
*《역사책이 가르쳐 주지 않는 제왕들의 사생활》, 윌 커피 지음, 남기철 옮김, 이숲, 2013
*《옛날에도 변호사가 있었나요?》, 민병덕, 책이있는마을, 2007
*《오늘 역사가 말하다》, 전우용, 투비북스, 2012
*《왕의 영혼, 조선의 비밀을 말하다》, 이상주, 다음생각, 2012
*《왜 이런 날씨가 계속되고 있는가》, 방기석, 청어, 2013
*《우리가 몰랐던 한국사 비밀 32가지》, 이수광, 북오션, 2014
*《우리가 지금껏 보지 못했던 20세기 역사》, 수전 케네디 외 편저, 이시은·최윤희 공역, 지식갤러리, 2013
*《우리 역사는 깊다》 2, 전우용, 푸른역사, 2015
*《우리 역사의 수수께끼》 3, 이덕일·김병기, 김영사, 2004
*《우키시마호 폭침 사건 진상》, 사이토 사쿠지 편저, 전재진·무카이 미도리 편역, 가람기획, 1996
*《운명의 날》, 니콜라스 시라다 지음, 강경이 옮김, 에코의서재, 2009
*《UFO가 날고 트랜스젠더 닭이 울었사옵니다》, 이성규, 살림Friends, 2010
*《이슬람 전사의 탄생》, 정의길, 한겨레출판, 2015
*《20세기의 드라마》Ⅰ, 요미우리신문사 엮음, 이종주 옮김, 새로운사람들, 1996
*《20세기 이야기》(1970년대), 김정형, 답다, 2012
*《20세기 이야기》(1980년대), 김정형, 답다, 2013
*《21세기 웅진학습백과사전》, 웅진닷컴, 1998
*《일본사 다이제스트 100》, 정혜선, 가람기획, 2011
*《일본사 101장면》, 강창일·하종문, 가람기획, 1998
*《일본사 여행》, 하종문, 역사비평사, 2014
*《일본사 파노라마》, 구태훈, 재팬리서치21, 2009
*《일본 역사와 문화》, 김문길 편저, 형설출판사, 1998
*《일본을 움직인 사건과 인물》, 김영모, 생활지혜사, 1999
*《일제는 조선을 얼마나 망쳤을까》, 김삼웅, 사람과사람, 1998
*《자연재해》, 타차나 알리쉬 지음, 우호순 옮김, 혜원, 2009
*《자연재해의 이해》, 이재수, 구미서관, 2000
*《자연 현상과 재난》, 안느 드브루아즈·에리크 세이낭드르 지음, 박상은 옮김, 현실문화, 2011
*《재난 관리론》, 이재은 외, 대영문화사, 2006
*《재미있는 지구과학 이야기》, 한국지구과학회 편저, 이치, 2009

*〈전쟁과 기상〉 상·하, 반기성, 명진출판, 2001
*〈조선 기담〉, 이한, 청아출판사, 2007
*〈조선 백성 실록〉, 정명섭, 북로드, 2013
*〈조선을 뒤집은 황당무계한 사건들〉, 정구선, 팬덤북스, 2014
*〈조선의 로데오 거리에서 할렘까지〉, 배상열, 더블유출판사, 2009
*〈조선 직업 실록〉, 정명섭, 북로드, 2014
*〈조선 청년이여 황국 신민이 되어라〉, 정혜경, 서해문집, 2010
*〈조선 평전〉, 신병주, 글항아리, 2011
*〈죽기 전에 꼭 알아야 할 세계 역사 1001Days〉, 피터 퍼타도 책임 편집, 김희진·박누리 옮김, 마로니에북스, 2009
*〈중국인 이야기〉 1, 김명호, 한길사, 2012
*〈지구에서 살아남기〉, 제임스 도일 지음, 신기해 옮김, 토트, 2013
*〈지도로 보는 세계 분쟁〉, 세계 정세를 읽는 모임 지음, 박소영 옮김, 이다미디어, 2005
*〈지리의 모든 것〉, 폴 A. 투치·매슈 토드 로젠버그 지음, 이동민 옮김, 푸른길, 2015
*〈지리 이야기〉, 권동희, 한울, 2005
*〈지진〉, 앤드루 로빈슨 지음, 김지원 옮김, 반니, 2015
*〈지진은 왜 일어나는가?〉, 매티스 레비·마리오 살바도리 지음, 김용부 옮김, 기문당, 1999
*〈1942 대기근〉, 멍레이·관국펑·궈샤오양 외 엮음, 고상희 옮김, 글항아리, 2013
*〈최초의 것들〉, 이안 해리슨 엮음, 김한영·박인균 옮김, 갑인공방, 2004
*〈콜럼버스가 서쪽으로 간 까닭은?〉, 이성형, 까치글방, 2003
*〈쿠빌라이 칸의 일본 원정과 충렬왕〉, 이승한, 푸른역사, 2009
*〈크라임 이펙트〉, 이창무, 위즈덤하우스, 2014
*〈클라시커 50 고고학〉, 볼프강 코른 지음, 장혜경 옮김, 해냄, 2004
*〈클라시커 50 신화〉, 게롤트 돔머무트 구드리히 지음, 안성훤 옮김, 해냄, 2001
*〈클라시커 50 역사와 배〉, 루츠 붕크 지음, 안성찬 옮김, 해냄, 2006
*〈클릭! 조선왕조실록〉, 이남희, 다?미디어, 2008
*〈테마가 있는 지구 여행〉, 안건상·주국영, 조선대학교출판부, 2001
*〈풀리지 않는 세계사 미스터리〉 1, 민용기 엮음, 하늘출판사, 1995
*〈하룻밤에 읽는 물건사〉, 미야자키 마사카츠 지음, 오근영 옮김, 중앙 M&B, 2003
*〈하룻밤에 읽는 숨겨진 세계사〉, 미야자키 마이카츠 지음, 오근영 옮김, 중앙 M&B, 2003
*〈한국과 일본, 왜곡과 콤플렉스의 역사〉 1, 한일관계사학회, 자작나무, 1998
*〈한국 근대사 산책〉 7, 강준만, 인물과사상사, 2008
*〈한국 문화 대탐사〉, 김석근 외, 아산서원, 2015
*〈한국민족문화대백과사전〉, 한국정신문화연구원, 1991
*〈한국사를 움직인 100대 사건〉, 이근호·박찬구 엮음, 청아출판사, 2011
*〈한국세계대백과사전〉, 동서문화, 1995
*〈한국에서 쓴 일본 역사 이야기〉, 박찬수, 솔, 2003
*〈한국 현대사 산책〉(1970년대편) 1권, 강준만, 인물과사상사, 2002
*〈한 권으로 보는 20세기 세계사〉, 기무라 히데스케 지음, 이윤희 옮김, 가람기획, 1997
*〈한 권으로 읽는 세종대왕실록〉, 박영규, 웅진지식하우스, 2008
*〈한눈으로 보는 세계사 1000장면〉 1-5, 폴임, 우리문학사, 1996
*〈한반도 대재난, 대책은 있는가〉, 이정직, 살림, 2012
*〈현대사를 바꾼 고대사 15장면〉, 플루타르코스, 헤르도토스 등 저, 로시터 존슨 편, 정명진 역, 부글북스, 2009
*〈현대사의 비극들〉, 노영민, 장백, 2011
*〈호외, 백년의 기억들〉, 정운현, 삼인, 1997
*〈화산〉, 모리스 크라프트 지음, 진미선 옮김, 시공사, 1995
*〈환경 재난과 인류의 생존 전략〉, 박석순, 어문학사, 2014
*〈흔적의 역사〉, 이기환, 책문, 2014
*〈히스토리아〉, 주경철, 산처럼, 2012
*〈히스토리아 노바〉, 주경철, 산처럼, 2013